KB139973

THE STORY OF
TECHNOLOGY
FINANCING
기술금융 이야기

THE STORY OF
TECHNOLOGY
FINANCING
기술금융 이야기

박준수 · 김창화 지음

목차

제1장

기술금융 이해하기

01. 금융 이해하기

우리가 실생활에서 은행을 방문하거나 타인에게 송금을 해주는 행동들에 대해서 '금융업무를 보다'라고 말할 수 있다. 그런데 금융이라는 것은 우리가 생각하는 일상생활의 영역을 벗어나 더 넓은 범위를 포함하고 있다.

금융에 대한 사전적인 의미를 살펴보면 '돈을 융통하는 일'이라고 되어 있다. 좀 더 깊게 해석해 본다면 '경제 속에서 자금의 수요와 공급의 관계'라고 볼 수 있다. 이는 쉽게 말해서 '자금의 수입과 지출'로 표현할 수 있고, 더욱 쉽게 풀이한다면 '돈의 흐름'이라고 말할 수 있을 것이다.

자금이라는 것은 상품처럼 수요와 공급으로 연결되어 있다. 자금이 부족한 경제적 주체는 자금을 여유롭게 가지고 있는 기업이나 금융기관을 통하여 자금을 빌린다. 그리고 그 대가로 자금을 공급해준 대상에게 이자를 지급한다. 이 상황에서 이자라는 것은 상품을 매매하는 과정에서 발생한 이윤과 같은 성격인데, 이러한 측면에서 금융이라는 것은 '자금에 이자가 붙으면서 융통되는' 것으로 이해할 수 있다.

자금이 융통되고 있는 시장은 흔히 금융시장이라고 한다. 금융시장은 크게 간접금융시장과 직접금융시장으로 볼 수 있다. 먼저 직접금융시장은 어떤 기업이 발행한 회사채 또는 주식 등을 투자자들이 매입함으로써 기업에게 자금을 직접적으로 공급해주는 방식의 금융시장을 말한다. 반면에 간접금융시장은 불특정 다수를 대상으로 은행과 같은 금융기관이 단순히 거래에 중개자로 참여하여 예금과 대출을 간접적으로 연결해주는 금융시장을 말한다. 이렇듯이 간접금융시장과 직접금융시장은 차이점을 보이고 있다.

기업활동에서 금융은 매우 중요한 부분을 차지하고 있다. 어떤 기업에게서 자금 흐름이 발생되지 않고 중단되면, 해당 기업은 기업의 고유활동인 생산과 구매 등의 기본업무를 할 수 없게 된다. 이러한 금융이 가진 위험성 때문 수많은 기업들은 심지어 폐업을 하거나 도산하는 현상이 발생될 수 있으며, 지금 이 순간에도 많은 기업들은 금융으로 인하여 고민하고 있을 것이다.

최근에는 기업의 경영자에게도 성공적인 기업의 운영을 위해서 금융을 적절히 이용하는 전반적인 지식과 능력을 겸비할 것이 점차 요구되어지고 있다. 특히 사업과 관련하여 소요되는 자금의 안정적인 조달능력처럼 기업의 자금관리에 대한 역량이 더 많이 요구되고 있으며, 이는 경영자뿐 아니라 현대 기업의 경영환경 속에서 승패를 좌우할 정도로 점점 중요한 요소가 되어가고 있다. 그러므로 금융은 우리 기업의 생존과 성장에 정말 중요한 것이고, 우리 기업의 존재에 가장 중요한 요소인 것이다.

02. 자금조달 이해하기

우리는 대한민국 기업들이 지속적인 성장을 위해서 해쳐 나아가는데 가장 큰 과제를 고객과의 커뮤니케이션, 기업 내부의 인사관리 등으로 말한다. 그러나 정작 가장 큰 과제는 바로 부족한 자금을 조달하여 기업을 지속적으로 운영해 나아가는 것이라 할 수 있다. 왜 기업에게 자금조달은 중요한 부분일까? 그래서 다음의 내용에서 우리 기업이 자금을 조달해야 하는 세 가지의 중요한 이유를 소개하고자 한다.

첫 번째는 기업의 자금 지출과 수입의 시점이 일치하지 않을 때가 많기 때문이다. 제조업의 경우에는 제품을 생산하는데 기본적으로 원자재, 인건비, 관리비 등의 경비들을 선행적으로 지출해야 된다. 그러나 제품이 생산되어 판매된 이후에 대금이 회수되기까지 약간의 공백기간이 소요되고, 그러한 공백기간 동안에도 기업 고유 활동들이 멈춰지지 않도록 자금이 필요하게 된다. 또한 매출이 발생하더라도 대음에 대한 회수가 지연되면 기업 내부에서는 지속적으로 발생되는 기초적 자금수요에도 대응이 힘들어진다.

두 번째는 투자활동을 위한 중장기 자금이 필요하기 때문이다. 기업들이 지속적인 성장을 이행하기 위해서는 신제품도 출시해야 하고, 이를 위하여 신제품 개발을 위한 설비보강과 연구개발을 진행해야 한다. 경우에 따라서는 우수한 아이디어나 기술력을 보유한 기업이라도 자금의 부족으로 서비스 개발이 지연되거나 개발 자체가 곤란해지는 경우가 발생되기도 한다. 그러므로 투자활동은 대규모의 자금 지출을 수반하게 되고, 일정 사업화 기간이 지나거나 심지어 장기간에 걸쳐서 수익이 회수된다. 그렇기에 기업들은 회사채나 주식을 발행하여 장기자금을 조달하고 있다.

세 번째는 지금까지 기업활동에서 발생된 차입금에 대해서 상환을 위한 자금이 또다시 필요하기 때문이다. 그래서 상환기일이 도래하는 기존의 차입금에 대한 상환뿐 아니라, 또다시 자금이 부족해지면 불가피하게 자금을 조달해야 된다. 그래서 신규 차입금으로 기존의 차입금을 상환함으로써 차입에 대한 조건을 개선하기 위하여 자금을 조달한다. 이러한 자금조달의 활동은 금융환경이 개선되었거나 기업의 대외신용도가 향상됨으로써 이전보다 더 좋은 조건으로 자금조달이 가능하다면 신규 차입금으로 기존 차입금을 조기 상환하여 금융비용을 절감할 수도 있다.

03. 기술금융 이해하기

(1) 기술금융의 개요

대한민국 법률에서 '기술의 이전 및 사업화 촉진에 관한 법률'의 제2조(정의)에 의하면 '기술이전'에 대해서 다음과 같이 설명한다. '기술이전이란 양도, 실시권 허락, 기술지도, 공동연구, 합작투자 또는 인수·합병 등의 방법으로 기술이 기술보유자(해당 기술을 처분할 권한이 있는 자를 포함한다)로부터 그 외의 자에게 이전되는 것'으로 정의하고 있다.

또한 '사업화란 기술을 이용하여 제품을 개발·생산 또는 판매하거나 그 과정의 관련 기술을 향상시키는 것'을 말한다고 정의하고 있다. 그러므로 기술을 이용하여 제품을 개발, 생산, 판매하는 부가가치 창출 과정이나 그 과정과 관련한 기술을 향상시키기 위한 기술사업화에서는 기술의 이전이 포함될 수 있고, 기술이전은 기술사업화에 포함된다고 볼 수 있다.

이러한 기술사업화는 산업구조의 변화에 따라서 기업의 생존과 성장을 위한 필수불가결한 혁신의 과정이며, 국가 경제적으로도 미치는 영향이 지대하다고 할 수 있다.

기술이 사업화되는 과정은 일반적으로 아이디어로부터 시작하여 지식재산으로 발전하고, 지식재산이 기술로 개발되며 기술에 의하여 개발된 제품은 제조 및 가공을 거쳐 제품화 된다. 제품이 이후에는 마케팅과 유통을 통해서 이용자에게 전달되고, 아이디어로부터 고객가치가 창출되는 것까지 전체적인 사업화 과정을 의미한다. 그러므로 기술사업화는 혁신경제의 핵심이라고 해도 과언이 아닐 것이다.

기술사업화는 기업뿐만 아니라 국가 경제적으로도 매우 중요한 사항이다. 그리고 기업들은 아이디어로부터 고객가치를 제공하기까지 기술의 개발 또는 도입, 시제품의 제작, 생산 시스템의 보유, 재료원가 등 제조원가의 투입과 재고의 보관 및 유통, 홍보 마케팅, 고객관리 등 각각의 요소마다 자금을 필요로 한다. 특히 중소기업의 경우에는 기술사업화 과정에서 부족한 자금에 대한 조달에서 고민에 직면하게 된다.

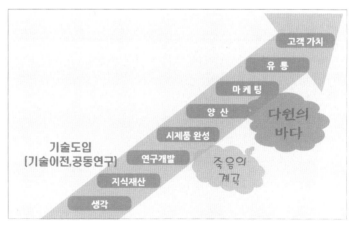

[그림] 아이디어의 기술사업화 과정

특히 개발제품 생산 시스템을 마련하는 과정과 생산제품의 시장 진입을 위한 과정에서 자금의 소요를 겪게 되는데, 개발된 기술이 제품화되는 과정 속에서 소위 '죽음의 계곡(death valley)'을 거치게 된다. 그리고 생산된 제품이 시장에 진입하는 과정에서 또 한 번 '다윈의 바다(Darwinian sea)'를 거치게 되면서, 예상치 못한 상황과 추가 자금을 필요로 하는 경우가 발생한다.

이처럼 기술사업화 과정에서 기술을 기반으로 자금을 조달하는 것을 '기술금융'이라고 말한다. 그리고 기술금융은 기업에게 있어서 자금에 대한 한계를 극복할 수 있게 하고, 기술을 통한 사업화를 이루는데 필요한 수단이라고 할 수 있다.

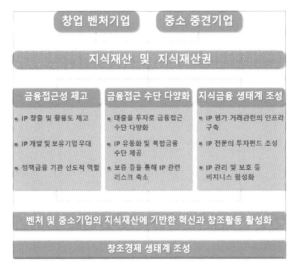

※ 출처: 전자신문(2014.04.10)

[그림] 혁신경제 부흥대책(안)

특히 기술금융은 금융환경의 기술평가 기반에서 투자와 융자 지원의 프로세스가 확대되면서 발전하게 되었다. 최근에는 창업기업과 혁신기업들이 혁신적인 지식과 기술을 담보로 좀 더 용이하게 자금을 조달할 수 있는 금융지원 체계를 구축할 필요성이 높아지고 있다. 이러한 측면들은 기술과 지식재산권을 매개로 기술금융지원 확대를 통한 중소기업의 기술혁신 촉진을 실현하고, 국가 산업 경쟁력의 제고를 위해서 더욱 확대가 필요한 상황이라고 할 수 있다.

(2) 기술금융과 유형

기술금융은 기술과 금융이 결합되어진 기업금융의 한 분야이다. 이는 기술이 개발되고 사업화가 되는 일련의 과정 내에서 발생하는 금융[1]으로 정의할 수 있다. 또한 OECD(Organization for Economic Cooperation and Development)에서는 아디이어와 기술의 개발이나 사업화 등으로 기술혁신이 나타날 때, 이에 대하여 전 과정에서 필요한 자금을 지원하는 것으로 정의하고 있다.

앞에서처럼 기술금융은 다양하게 정의되어지고 있다, 그럼에도 기술금융은 크게 두 가지의 성격으로 정의되고 있다고 할 수 있다. 먼저 기술금융의 분류와 성격에 중심을 주고 정의하게 된다면, '기술집약적 기업의 창업과 성장에 소요되는 자금을 공급하는 기술 산업 금융'이라고 할 수 있다.

---

1) 남수현(2009), 기술금융의 현황과 발전방향

이와 다르게 은행과 같은 금융기관을 통하여 간접금융과 벤처캐피탈과 같은 자본시장을 통한 직접금융이라고도 할 수 있다. 또한 기술금융의 발생 방식에 중심을 두고 기술금융을 정의한다면 '기술을 기반으로 사업화하려는 기업과 관련된 투자, 융자, 보증, 출현 등의 금융행위가 기술평가를 통하여 이루어지는 일련의 과정과 절차라고 정의할 수 있다. 즉 기술금융에서는 대부분이 기술평가와 함께 이루어지고 있는 것이고, 기술평가는 기술가치평가와 기술력평가를 포함한 개념인 것이다.

[도표] 기술평가의 유형

유형	내용
기술 가치 평가	• 사업화하려는 기술이나 사업화된 기술이 그 사업을 통하여 창출하는 경제적 가치를 기술시장에서 일반적으로 인정된 가치평가 원칙과 방법론에 따라 평가하는 것. • 주로 화폐단위로 표시됨
기술력 평가	• 기술을 활용하는 주체의 인력, 조직, 지원서비스 등을 종합적으로 평가함으로써 그 주체의 기술개발, 흡수 및 혁신능력을 평가하는 것을 말함. • 등급, 점수 등 다양한 형태로 표시될 수 있음

※ 출처: 산업통상자원부 기술평가기준 운영지침(2017)

현재의 기술금융은 크게 투자와 대출로 구분되어지고 있다. 먼저 투자에서는 벤처캐피탈 등이 혁신적 자산으로 창출하는 미래수익에 기초하고, 자금을 제공하고 있다. 이러한 투자의 과정들은 기업의 창업초기 단계(고위험-고수익)에서 이루어진다고 할 수 있다.

반면에 대출은 은행 등이 기업의 재무정보를 기초로 하여 원리금과 같이 채무상환 능력을 평가하고 자금을 공급하는 형태로 기업의 중후기 단계에서 주로 이루어지는 상황이다. 현재 우리나라의 기술금융 시장은 간접금융 위주의 구조 위에서 정책금융에 의한 보증 활성화로 성장하였으며, 대출 형태의 기술금융의 비중이 높은 상황이다.

국내 중소기업들의 자금조달 진행을 보면 금융권 대출잔액은 약 690.2조원(2016년)으로 확인되고, 그 외 투자잔액은 6.5조원(2016년) 규모로 확인되었다. 또한 국내에서 대부분의 기술금융은 기술보증기금과 신용보증기금의 보증서를 근거로 은행을 통하여 대출을 지원받았는데, 주로 창업기업과 기술기업들에게 자금을 공급하는 방식이었다. 그리고 이러한 기술금융 방식은 전체의 73%를 차지하고 있는 상황이다.

[도표] 벤처캐피탈의 투자잔액 현황

투자잔액		2012	2013	2014	2015	2016
회사	(억원)	2,239	2,301	2,113	2,228	2,489
	(개)	715	683	652	654	629
조합	(억원)	34,009	38,642	44,142	53,324	62,569
	(개)	1,496	1,825	2,124	2,478	2,777
합계	(억원)	36,248	40,943	46,255	55,552	65,058
	(개)	2,042	2,328	2,573	2,916	3,202

※ 출처: 한국벤처캐피탈협회, 2017 KVCA Yearbook & Directory (2017.06)

최근에는 기존의 기술보증기금과 신용보증기금을 통한 기술금융 방식과 달리, 기술신용대출이 점차 질적으로 성장하고 있다. 대표적으로 투자형 TCB(Tech Credit Bureau, 기술신용평가기관) 평가와 같은 방식이 있는데, 이러한 방식으로 기술형 모험자본의 조성여건이 과거보다 점차 개선되어지고 있다.

[그림] 대출과 투자 금융지원 방식에 따른 기술금융

제2장

정부지원사업 이해하기

01. 기술개발단계 이해하기

기업은 직접 제조 또는 조립한 제품과 부수적인 상품의 판매를 통해서 고유의 목적인 이익실현에 최선을 다한다. 즉 개인기업이든 법인기업이든 이익을 실현할 제품이 있어야하는데, 제조업으로 창업한다면 수익을 가져올 제품의 개발이라는 과정 때문 몇 달이든 몇 년이든 견뎌야 한다.

이때 무형의 기술을 이용하여 유형의 제품을 만드는 업무를 연구, 연구개발, 기술개발, 개발 등 여러 용어로 혼용하고 있으며, 해당부서의 명칭도 연구팀, 개발팀, R&D팀, 기술연구소 등 역시 다양하게 혼용되고 있다.

그런데 우리가 별 구분 없이 사용 중인 연구와 개발이라는 용어가 엄밀한 의미에서는 약간 다른 성격임을 알아 둘 필요가 있다. 연구(研究)는 국어사전에서 '어떤 일이나 사물에 대하여 생각하고 따져보는 것'이라 하고 있고, 영어로 research는 're'와 'search'로

'다시 보다/찾다'는 어원으로 구성되어 있다. 개발(開發)은 '지식이나 재능을 발달하게 함'이라 하고, 영어로 development의 어원은 de(apart, 풀다/떨어지다), velop(wrap, 싸다/닫다)으로 '포장을 펼치다/열리다'는 의미인데, '이미 안에 뭔가 있었고, 보자기를 풀어서 본다'는 의미이다.

좀 더 현실적으로 산학 측면에서 본다면 '연구'는 주로 대학이나 연구소 등에서 자연의 진리나 사회과학적인 이치 같은 순수과학적 현상들을 규명해보는 것이다. 그런데 반드시 그것만 규명하라고 강요하지도 않고 세월에 무관하게 순수하게 편안한 마음으로 밝혀보면 되는 것이 연구라 할 수 있다.

반면에 '개발'이란 것은 주로 기업들이 미래생존이나 사업확장을 위한 상업적 전략차원에서 철저한 사전조사와 타당성 검토를 거치고, 소수정예 구성원들이 D-day까지 이미 기존에 흩어져 있는 수많은 연구자료들, 경쟁사의 실패와 성공자료들, 새로운 아이디어들을 최대한 동원해서 어떤 실패도 없도록 결사적 수단 방법을 가리지 않으면서 달성하려는 과정이라는 적나라한 표현이 가장 적절해 보인다.

즉 연구의 예를 들자면 사과밭에 앉은 뉴턴(Sir Isaac Newton, 1642~1727)이 '사과는 이렇게 떨어지는데, 하늘의 저 달은 왜 저렇게 떠 있을까?'라는 호기심에 시작하여 만유인력이라고 답을 찾아도 되고, 일평생 번뇌한들 답을 못 찾아도 누가 뭐라 하지 않는 것이 연구라 할 수 있다.

그러나 개발의 예를 들자면, 경쟁사가 새로운 기술을 완성하여 특허 출원후 신제품 출시한다는 정보가 입수되었다고 가정하자. 그럼 우리도 시장을 뺏기지 않도록 당장은 물타기 작전이라도 해야겠고, 우리도 진검승부든 치킨게임이든 대적할 제품을 위해 모든 정보들을 수집하고 경쟁사양을 분석해서 연말까지 필사적으로 만들어야 되는 절체절명한 그러한 것이 개발의 극단적 예라고 할 수 있다.

그래서 연구와 개발이란 것은 그 태생과 숙명이 좀 다르고, 따라서 주도하는 주체, 수행하는 방법, 기대하는 결과도 다르다. 그럼에도 일상에서 우리는 연구와 개발의 경계를 구분하지 않고 무감각하게 사용하는 편인데, 작은 창업기업에서도 연구를 한다거나, 기초과학대학에서 개발을 한다는 것은 적절하지 않은 경우가 많으리라 생각된다.

그래서 대체로 대학은 연구원들이 아무리 '상업적 개발'을 한다고 주장해도 기업입장에서 보면 여전히 갈 길 먼 연구에 가까울 것이다. 반대로 기업은 '연구소'를 만들고 아무리 '고급연구원'들을 채용하여 '연구'를 하고 있다고 말해도, 심지어 글로벌 기업조차도 순수한 연구라기보다는 결국은 자사 미래와 연관된 상업적 개발의 TRL(Technology Readiness Levels, 기술성숙도) 단계들을 진행하는 것으로 생각된다.

대부분의 기업들은 계속 신제품 출시를 위하여 기술개발을 전담할 직원이나 팀을 구성하게 될 것인데, 흔히 연구팀, 개발팀, R&D

팀, 연구소 등 다양한 이름으로 불리고 있다. 물론 창업기업들은 소수의 구성원들이 다중의 업무를 병행해야하는 상황이라 개발팀이 있다고 해도 강력한 주체에 근거하는 것은 아닐 것이다.

그래서 매출이 어느 정도 발생하는 대부분 기업들에서 연구개발 팀은 학력, 전문성, 업력 등에 근거하여 최소 1명 이상의 연구전담 인력으로 운영될 것이다. 이때 연구전담 인력의 전문성은 특성화고교를 포함한 이공계열 대학의 졸업자를 의미하며, 업력이라 함은 현재 담당업무와 유사한 업무가 과거 산학연의 직장에서 공식적 수행을 증빙할 수 있는 부서 등의 이력을 의미한다.

[도표] 연구와 개발

구분	연구	개발
어원	▪ Research = re + search	▪ Development = de + velop + ment
실제적 의미	▪ 주로 대학이 순수과학적 측면에서 자연계의 진리나 현상들에 대하여 규명	▪ 주로 기업이 응용과학적 측면에서 상업적 목적으로 제품을 개발하는 행위
기간	▪ 막연하지만 수년 이상 장기간 ▪ 수년후 중도 포기도 있음	▪ 대부분 1~3년의 단기간 ▪ 처음부터 목표기간을 설정
성공 확률	▪ 성공할 가능성이 낮음 ▪ 성공한 것만 학술지 등에 발표됨	▪ 실패할 가능성이 낮음 ▪ 대부분 인허가 절차 통과후 출시
주체	▪ (學) 대학의 기초과학, 응용과학, 또는 사회과학 등의 분야에서 수행하는 연구 ▪ (硏) 정부출연연구소(각 부처별 법률을 근거로 설립한 연구소)	▪ (産) 기업(개인기업(개인사업자) 또는 법인기업) ▪ (硏) 기업부설연구소(사내 운영 중인 팀 단위 또는 외부 인프라 활용을 위해 유명대학 또는 산업단지 등에 입지)

한편 한국산업기술진흥협회(KOITA)은 연구원 1인이 확인되면 '연구전담부서', 2인 이상이 확인되면 '기업부설연구소'의 인증서를

발행해주는 제도를 시행하고 있다. 이때 대체로 생산과 영업의 인력도 4대보험으로 증빙되어야 하므로 최소 3~4인 이상 되어야 인증서가 무난하게 발급된다.

기술의 수준을 사업화 목표에 대한 완성도로 구분해보려고 기술성숙도라는 개념을 적용하고 있다. TRL은 1989년 미국 NASA(National Aeronautics and Space Administration, 미국항공우주국)에서 Sadin 등이 우주산업의 개발과정에서 기술투자 위험을 관리하기 위해 도입한 개념이다. 구체적인 방법은 성능, 제작과정, 재료측정, 도구, 기반시설 등을 고려하여 해당기술에서 핵심요소를 파악하고, 그에 대한 기술성숙도를 전문가들이 평가하여 진행하는 시스템이다. 미국의 NASA에서 시작된 TRL은 현재 미국 국방성(Department of Defense, DoD), 영국 국방성(Ministry of Defence, MoD) 등 세계각국의 정부기관들과 연구기관들이 활용하고 있다. 또한 민간 기관들은 독자적 효율성을 위해 민간 R&D 프로그램에 맞게 적절히 수정하여 운영 중이다.

국내에서 TRL에 대한 개념은 산업부와 과기부에서 적용하고 있는 반면, 중기부 및 농림부는 TRL에 대한 개념적용이 거의 없다. 중기부 지원사업들은 대부분 1~2년의 단기사업에 대한 지원이고, 농림부의 지원사업들은 대부분 1년 이내 단기개발 해야 하는 식품들이 많아서 그런 듯하다.

TRL의 전체적인 개념은 기초실험 수준에서 사업화 수준까지 9

단계로 구분하는데, 주로 기술을 사업화하는 준비단계를 측정하는 시스템이다. 이때 각 단계별 연구개발의 목표를 설정하고 정량적 평가지표를 설정하여 현재 사업화의 수준과 사업성의 제고에 활용한다. 각 단계별 특성은 아래 도표와 같다.

[도표] 기술성숙도 TRL

구분	단계	핵심요소	내용
기초 연구 단계	1단계	• 기초 이론/실험	• 기초이론 정립 단계
	2단계	• 실용 목적의 아이디어, 특허 등 개념정립	• 기술개발 개념 정립 및 아이디어에 대한 특허 출원 단계
실험 단계	3단계	• 실험실 규모의 기본성능 검증	• 실험실 환경에서 실험 또는 전산 시뮬레이션을 통해 기본성능이 검증될 수 있는 단계 • 개발하려는 부품/시스템의 기본 설계 도면을 확보하는 단계
	4단계	• 실험실규모의소재/부품/시스템 핵심성능평가	• 시험샘플을 제작하여 핵심성능에 대한 평가가 완료된 단계 • 3단계에서 도출된 다양한 결과 중에서 최적의 결과를 선택하려는 단계 • 컴퓨터 모사가 가능한 경우 최적화를 완료하는 단계 • 의약품 등 바이오 분야의 경우 목표 물질이 도출된 것을 의미
시작품 단계	5단계	• 확정된 소재/부품/시스템 성능평가 • 시작품제작 및 성능평가	• 확정된 소재/부품/시스템의 실험실 시작품 제작 및 성능 평가가 완료된 단계 • 개발 대상의 생산을 고려하여 설계하나 실제 제작한 시작품 샘플은 1~수 개 미만인 단계 • 경제성을 고려하지 않고 기술의 핵심 성능으로만 볼 때, 실제로 판매가 될 수 있는 정도로 목표 성능을 달성한 단계 • 의약품은 GMP(Good Manufacturing Practice, 제조품질관리기준) 파일럿 설비를 구축
	6단계	• 파일럿 규모 시작품 제	• 파일럿 규모(복수 개~양산규모의 1/10

			정도)의 시작품 제작 및 평가가 완료된 단계 ■ 파일롯 규모 생산품에 대해 생산량, 생산용량, 불량률 등 제시 ■ 파일롯 생산을 위한 대규모 투자가 동반되는 단계 ■ 생산기업이 수요기업 적용환경에 유사하게 자체 현장테스트를 실시하여 목표 성능을 만족시킨 단계 ■ 성능 평가 결과에 대해 가능하면 공인인증 기관의 성적서 확보 ■ 의약품의 경우 비임상 시험기준인 GLP(Good Laboratory Practice, 동물실험규범)기관에서 전임상시험을 완료하는 단계
		작 및 성능평가	
실용화 단계	7단계	■ 신뢰성평가 및 수요기업평가	■ 실제 환경에서 성능 검증이 이루어지는 단계 ■ 부품 및 소재개발의 경우 수요업체에서 직접 파일롯 시작품을 현장 평가(성능 및 신뢰성 평가) ■ 가능하면 인증기관의 신뢰성 평가 결과 제출
	8단계	■ 시제품 인증 및 표준화	■ 표준화 및 인허가 취득 단계 ■ 조선 기자재의 경우 선급기관 인증, 의약품의 경우 식약청의 품목허가
사업화	9단계	■ 사업화	■ 본격적인 양산 및 사업화 단계 ■ 6-시그마 등 품질관리가 중요한 단계

TRL은 기술의 수준을 4W-1H의 5가지 관점으로 구분하여 정의하였는데, Who(시험평가 주체), What(시험평가 항목), Where(시험평가 환경), When(개발연차)), How(시작품/산출물 생산규모)이다. 그 적용은 산업원천 전략기술 26개 중분류별로 평가지표를 작성하되 동일한 평가지표를 적용할 수 있는 분야는 동일 평가지표 공유한다. 하나의 기술분야도 부품 및 시스템과 소재, 하드웨어와 소프트웨어 등 개발제품 및 기술성격에 따라 평가지표가 상이한 경우에는 각기 다른 평가지표 적용한다.

[도표] 각 산업분야별 TRL의 평가지표 4W-1H

구분	단계	TRL 정의	시험평가 주체 (Who)	시험평가 항목 (What)	생산수준 또는 결과물 (How)	시험평가 환경 (Where)	개발연차 (When)
			TRL 평가지표의 4W-1H				
기초 ~ 사업화 단계	1~9 단계	각 산업의 단계별 핵심 요소들	-	-	-	-	-

기술성숙도 TRL은 기초연구, 실험, 시작품 제작, 실용화, 사업화의 총 5단계로 구분되어 있고, 대부분의 단계는 2개의 세부적인 단계로 또다시 구분하고 있다.

좀 더 첨언한다면 TRL은 대형장비산업, 자동차 및 항공기산업, 제약산업 등의 장기간의 대규모 개발에는 적합하지만, 소형가전이나 식품 등의 개발에는 적용이 곤란하다. 단기간 소규모 개발들은 TRL 3~4 단계, 5~6 단계, 7~8 단계가 1년 내외의 단기간에 모두 완료 가능하기 때문이다.

특히 TRL 7 단계의 신뢰성 시험은 TRL 6 단계의 인증을 위한 GLP 기관에서 성능시험보다 좀 더 진보된 시험이다. 그러나 대체로 중소기업들이 단기간에 개발을 마치고 시장진입이 다급한 상황에서 소형장비 개발에 대한 신뢰성에 집중할 시간도 없다. 그래서 출시후 매출이 어느 정도 확인되고 가능성 있어 보이면 다시 기존오류 수정과 성능 개선을 진행할 것이며, 몇 년간 매출 후에도 최소한 스테

디셀러(steady seller)라도 된다면 부분교체 또는 전면교체한 제품 출시를 계획할 것이다.

그래서 단기간 소형제품의 개발에서는 TRL 7 단계의 신뢰성은 인허가의 필수적 요건이 아니거나, 경쟁적 우위에 필요성을 인지 못할 수준이라면 개발일정에 비집고 들어갈 자리도 없다고 봐야 한다. 그래서 산업부의 R&D 지원사업들은 대부분 공지사항에 TRL 단계를 설명하는 편이나, 중기부의 R&D 지원사업에는 TRL이란 개념이 거의 없다.

결론적으로 미국의 NASA가 우주비행선 개발에 적용하는 TRL 개념은 각자 개발의 규모에 맞게 참고하면 될 것이다. 아래는 TRL 에 대한 구체적인 내용들을 소개하고자 한다.

① TRL 1~2단계 - 기초연구단계

기초연구 단계는 사업화가 가능할 실체와 관련하여 아직 아이디어 수준의 기초적 개념들을 정립하는 단계이며, 이때부터 논리적 완성도에 따라 특허 출원도 가능하다.

그러나 현실적으로 이 단계는 제한된 시간에 투입비용과 시간에 대비한 기대치 측면에서 결과물의 실체를 기대하기 힘들 정도로 위험(Risk)이 너무 높다고 볼 수 있다. 그래서 창업 초기의 기업이나 자금여력이 없는 대부분 중소기업들은 접근하기 힘든 영역이자, 그런 과정에 집중하는 것은 사치이자 무지로 인식될지도 모른다. 그

래서 기초단계는 대학의 응용과학 분야 또는 정부출연연의 영역에
부합되는 편이고, 그렇게 완성되면 기업들에게 관련기술이나 특허
를 기술이전하는 것이 국가적으로나 기업에게도 합리적일 것이다.

② TRL 3~4단계 – 실험단계

기초연구의 TRL 1~2단계를 벗어나 상업적 고지를 향한 TRL 3~
4단계는 기술적 원리에 대하여 비록 원시적일지라도 실험실 수준의
환경에서 기초적 원리나 현상에 대한 확인, 검증, 비교하면서 앞 단계
의 이론에 대하여 실험적으로 검토해보는 시기를 의미한다.

그래서 기초적 원리에 대한 개념은 완성했으나, 구체적으로 어떤
시험장비, 원재료, 실험환경 등으로 어떻게 수행해야 될지에 대해
서 심적 물적으로 준비가 부족한 상황이다. 또한 대략적인 감은 있
지만, 적절히 분석해 낼 계측기는 있을지, 어떤 부품들을 조합해야
할지, 성능은 충분한 나올지 등 모든 것들이 아득한 상황이다. 그래
서 아직 상업적 수준의 성능(performance)나 최소한의 안전성
(stability)에 대한 고민은 필요없는 시기이다.

이 시기에는 핵심성능에 대한 시험기준과 방법이 중요한 시기이
다. 그래서 성능시험이나 안전성 시험을 목적으로 여러 국제기구들
에 제시되어 있는 국제적 기준(standard)이나 규격(regulation) 등에
대한 탐색과 검토가 필요하다. 예를 들어 국내의 KS(Korean
Standards) 보다 글로벌 수준의 ISO(International Organization for
Standardization), IEC(International Electrotechnical Commission),

또는 CE(Council of Europe), EN(European Norm) 등의 규격으로
시험하는 것이 장기적 관점에서 데이터가 일치되어 유리하다.

[도표] 글로벌 마켓의 표준화 관련의 기관

규격	Full Name / 한글명 / 제정일 / 홈페이지
① 대한민국	
KS	▪ Korean Industrial Standards ▪ 한국 산업규격 ▪ 1961 ▪ www.ksa.or.kr/eng/
② 국제 규격	
ISO	▪ International Organization for Standardization ▪ 국제 표준화 기구 ▪ 1947 ▪ www.iso.org/iso/home.htm
IEC	▪ International Electrotechnical Commission ▪ 국제 전기표준회의 ▪ 1906 ▪ www.iec.ch/
ITU	▪ International Telecommunication Union ▪ 국제 전기통신연합 ▪ 1865 ▪ www.itu.int/net/home/index.aspx
③ 미국 규격	
ANSI	▪ American National Standards Institute ▪ 미국 규격협회 ▪ 1918 ▪ www.ansi.org/
FCC	▪ Federal Communications Commission ▪ 미국 연방통신위원회 ▪ 1934 ▪ www.fcc.gov
MIL	▪ Military Standard ▪ 미국 국방총성 규격 ▪ 1952 ▪ www.dsp.dla.mil/
CSA	▪ Canadian Standards Association

	<ul><li>캐나다 규격협회</li><li>1919</li><li>www.csa.ca/Default.asp?language=english</li></ul>

④ 미국 민간규격

ASME	<ul><li>American Society of Mechanical Engineers</li><li>미국 기계학회</li><li>1800년대</li><li>www.asme.org/</li></ul>
ASTM	<ul><li>American Society for Testing and Materials</li><li>미국 재료시험 협회</li><li>1905</li><li>www.astm.org</li></ul>
IEEE	<ul><li>The Institute of Electrical and Electronics Engineers, Inc.www.fcc.gov/</li><li>미국 전기학회</li><li>1963</li><li>www.ieee.org/portal/site</li></ul>
NEMA	<ul><li>National Electrical Manufacturers Association</li><li>미국 전기공업회</li><li>1926</li><li>www.nema.org/</li></ul>
SAE	<ul><li>Society of Automotive Engineers</li><li>미국 자동차기술자 협회</li><li>1904</li><li>www.sae.org/servlets/index</li></ul>
UL	<ul><li>Underwriter's Laboratolies Incorporated</li><li>미국 보험업자안전시험소</li><li>1984</li><li>www.ul.com/</li></ul>

⑤ 유럽 규격

CE	<ul><li>Conformite Europeenne</li><li>CE 마킹</li><li>1985</li><li>ec.europa.eu/environment/waste/weee/legis_en.htm</li></ul>
EN	<ul><li>European Norm</li><li>유럽 규격</li><li>1961</li><li>www.cenelec.eu/Cenelec/Homepage.htm</li></ul>
BS	<ul><li>British Standards</li><li>영국 규격</li><li>1901</li><li>www.bsi-global.com/</li></ul>

DIN	<ul><li>Deutsche Normen</li><li>독일 연방규격</li><li>1917</li><li>www.din.de/</li></ul>
NF	<ul><li>Norme francaise</li><li>프랑스 국가규격</li><li>1918</li><li>www.afnor.fr/portail.asp</li></ul>

⑥ 아시아 규격

JIS	<ul><li>Japanese Industrial Standards</li><li>일본 공업규격</li><li>1949</li><li>www.jisc.go.jp/</li></ul>
PSE	<ul><li>Product Safety Electrical Appliance &Material</li><li>일본 전기용품 안전법</li><li>2001</li><li>www.meti.go.jp/policy/consumer/seian/denan/</li></ul>
GB	<ul><li>Guojia Biaozhun</li><li>중국 국가표준</li><li>www.sac.gov.cn</li></ul>
CCC	<ul><li>China Compulsory Certification</li><li>중국 CCC 인증 제도</li><li>2002</li><li>www.ccc-certificate.org/en/</li></ul>

이때 하나의 기술이나 제품에 대하여 국제규격들을 조사해보면 대략 수십 내지 수백 개의 표준들을 발견할 수 있다. 예를 들어 멸균을 하는 기술을 ISO에서 검색하면 360개가 검색되는데, 검색결과들을 모두 확인하여 의료용 멸균과 관련되는 모든 항목들을 필터링해보면 대략 40개 정도로 압축된다.

다시 의료기기의 제조와 관련된 시스템 인증의 ISO 13485, 멸균기기 관련의 ISO 11135 (Ethylene Oxide Sterilization), ISO 11134 (Moist Heat Sterilization), ISO 11137 (Radiation), 11138 (Biological

Indicator) 등 기술이나 제품과 직접 관련되는 중요한 표준도 10개가 확인된다. 그래서 전체적으로 직간접적으로 관계되는 표준은 20개 정도를 확인할 수 있고, 그 중에서도 필수요구사항과 관련되는 규격들은 철저히 관리해야 한다.

국제적 규격에서는 ISO 이외에도 의료기의 경우 FDA, AAMI 등에서도 표준이나 규격을 확인해야 될 것이고, 전기전자제품이라면 IEC, CE, UL 등에 대한 규격도 검토를 해야 될 것이며, 그 외 화장품, 자동차, 우주항공 등의 각 산업에 따라서 독자적이고 전통적인 규격들이 잘 발달되어 있다. 경우에 따라서는 ISO 등의 공적 규격보다 협회나 학회 등의 민간규격이 우선하는 산업분야도 상당히 많다. 만일 화장품, 의약품, 자동차 등의 제품을 개발하려는 창업기업이라면 컨설팅 업체에 의뢰하는 방법 외에는 대안이 없을 정도로 인증분야가 고도로 전문화되어 있음을 알아둬야 한다.

실험 단계의 구체적인 업무로는 시험의 수행에 관련되는 원재료, 분석장비, 환경들이 어느 정도 갖춰지면 예비시험을 하면서 주요영향인자(major factor)와 미세영향인자(minor factor)들을 서로 구분해내어야 한다. 그래서 확인된 주요영향인자들에 대하여 x-y-z 조합으로 최적화를 위한 시뮬레이션으로 검증을 하면서 점차 기술적 완성도를 높여가는 단계이다.

③ TRL 5~6단계 - 시작품 단계

이 단계는 초보적 개념의 시작품 또는 양산을 위한 시제품을 제작하는 단계이다. 특히 앞의 TRL 3~4단계에서 실험적으로 검증된 결과들을 조합하고 개념을 완성하는 단계이다. 그래서 기본적인 성능이 구현되면서도 여러 안전성 측면에서도 문제가 없도록 상업적 차원의 소수의 시작품 또는 시제품을 개발하는 과정이다.

예를 들어 전기전자 장치를 포함하는 기계를 만든다고 가정해보자. 먼저 사업성에 근거하여 출시할 제품의 사양을 결정할 것이다. 그 다음 제품의 디자인과 3D 설계를 수행할 것이고, 2D 도면에 따라 부품의 절곡, 용접, 선반 등의 가공을 하거나 또는 금형사출과 반제품 입고후 전기전장부품의 조립, 품질시험을 하는 과정들을 진행할 것이다. 마지막으로 시운전을 하면서 계속적으로 회로수정, 부품교체, 재가공 등을 진행하면서 제품의 완성도를 높일 것이다. 물론 대부분의 경우 출시후 3년 이상의 수정을 예상한다면 아직은 처녀작 수준을 만드는 단계이다.

만일 이때 개발하는 대상이 건강기능성식품, 의약품, 화장품 등이라면 GLP(good laboratory practice) 수준의 기관에서 미생물 또는 소동물들을 이용한 비임상시험 결과를 확보할 필요가 있고, GMP(good manufacturing practice) 수준에서 양산 준비도 필요하다. 또한 연구개발 전문인력과 연구 및 품질관리에 요구되는 검교정된 분석기기들의 확보도 필요하다.

이 단계는 이미 사업타당성 검토가 완료되어 진행 중일 것임에도 불구하고 실제 시장에 진입해서 스테디셀러라도 될 정도로 성공가능성은 장담할 수 없을 만큼 위험이 높다. 그래서 TRL 5-6 단계의 시작품을 제작하는 단계는 가급적 정부가 개발비 대부분을 지원해 주는 정부지원사업을 활용하는 것이 좋다.

특히 대부분의 정부지원사업들은 연구비에서 신규채용 연구원들에 대한 인건비를 산정할 수 있고, 일부 창업성격의 개발과제들은 신규인력뿐 아니라 기존인력에 대한 인건비도 지원을 허용하고 있다. 또한 정보산업분야의 소프트웨어 개발은 기존인력을 포함한 연구원들의 인건비에 사업비의 대부분을 지출해도 되므로 정부지원사업의 활용은 투입비용 대비한 위험관리 차원에서 중요하다.

그래서 기업의 매출액 규모의 관점에서 연구개발 여력이 약한 중소기업들은 TRL 5~6 단계의 시작품 또는 시제품 제작에 정부지원사업을 전략적으로 활용하여야 한다. 다만 비용조달 측면에서 선정가능성을 높이기 위해서 좀 더 노력이 필요하다. 즉 핵심기술과 관련된 이론적 근거, 원시적인 시작품들을 활용하여 공인기관의 공인시험성적서 또는 대학 내부의 기관책임자가 발행하는 성적서라도 준비하여 충분한 시장성과 사업화 성공가능성 등에 대하여 논리적으로 대응한다면 정부지원사업을 통한 개발자금 조달은 한결 순조로울 것이다.

투입비용 대비한 위험감소를 위한 정부지원사업의 활용은 중기부, 산업부, 농림부, 과기부 등에서 연중 수시로 시행중인 지원사업들을 활용하면 된다. 연구개발을 위한 R&D 사업비 지원규모는 대략 1~3년 동안 1~10억원을 지원하지만, 여러 산학연들이 공동개발을 위하여 참여기관으로 컨소시엄을 구성할 경우는 수십억원 내지 수백억원을 지원받을 수 있는데, 다년간 수행은 매년 보고서와 결과물을 평가하는 연차평가가 필수적 과정이다.

정부지원사업을 수행하게 되면 내부적인 연구개발 역량이 다소 부족하더라도 대학이나 정부출연연 또는 참여기관의 기업으로부터 기술적 수혜를 받아 제품완성도를 한결 높일 수 있다. 또한 이때 특허권, 디자인권, 상표권 등의 전통적 산업재산권 뿐 아니라, 참여기관들이 국내외 학술지 또는 세미나 발표를 할 경우 회사와 제품 등의 홍보효과도 상당할 것이다.

다만 대외비 또는 영업비밀에 해당될 기술의 예상될 경우, 지원사업을 사전에 기획하는 단계에서 참여기관에 어디까지 공개할 것인가, 참여기관에서 창출된 기술은 어떻게 관리할 것인가, 참여기관과 미래를 어떻게 계획할 것인가 등에 대하여 내부적으로 심층검토가 필요할 것이다. 참고로 말하자면 앞으로 접촉하게 될 참여기관들은 이번 과제에 일회성이라기보다 미래 동반자라는 각오로 파생되는 이익까지 공유할 반영구적 운명공동체라는 각오가 사업화에 비교적 유리할 것이다.

반대로 공동개발기관 또는 참여기관들을 하대하거나 무시하게 된다면 수년 후 언젠가는 차라리 만나지 않는 것이 더 좋았을 것같이 후회될 정도로 좁은 시장에서 악연이 되어 괴로울 수 있다. 그래서 인간관계 이상으로 참여기업들도 과제의 종료 후에도 소중한 동반자로 꾸준한 관계유지를 위한 관리가 절대적으로 필요하다.

④ TRL 7~8 단계 - 실용화 단계

이 단계는 지금까지 만든 시작품 또는 시제품에 대하여 실제 사용자 수준 또는 수요기업 관점의 환경 하에서 핵심성능을 검증하는 신뢰성 단계와 상업적 인허가 및 표준화 단계의 업무들을 진행하게 된다.

시제품에 대한 신뢰성 시험은 고온, 고압, 강산성, 또는 심해 등의 특수한 환경에서도 본연의 핵심성능들이 장기간 고장 없이 지속적으로 유지되는지에 대한 예측시험을 수행하는 과정이다. 그래서 이 과정은 양산을 위한 개발단계의 밸리데이션(validation) 보다 한 수준은 더 높다고 할 수 있는 궁극적 신뢰성에 대한 의문을 해소하고 보장하는 과정이라 할 수 있다.

즉 신뢰성 시험들은 개발이라는 단기간의 일정에서 정상적이지 않은 특수한 환경을 조성하여 물리적 고장이 유발될 때 까지 가혹하게 수행하는 과정이다. 그렇게 가속노화시험에서 고장 데이터를 바탕으로 와이블 분포(Weibull distribution)와 아레니우스 함수(Arrhenius equation)를 결합한 아레니우스-와이블 모형을 적용한다면 정상조건에서 수명을 예측할 수 있다. 물론 이러한 설정이나 이해는 중소기업

규모의 전문성으로는 한계가 있을 것이며, 그래서 대부분의 신뢰성 시험은 정부부처 산하의 공인시험기관들의 지원을 받아 공동으로 진행하는 경우가 많다.

이러한 과정을 수행하려면 대략 수천만원 내지 1억원 이상 소요되는데, 매출액과 월간 현금흐름을 고려한 중소기업 입장에서는 신뢰성 1개 항목에 1억원 수준의 자금지출은 상당한 부담이 될 것이다. 그러나 정밀성이 요구되거나, 첨단기기의 부품이나 소재들, 특히 해외에 수출하는 경우에는 수입처 또는 바이어들도 신뢰성 자료를 요구하는 경우가 많다. 따라서 개발대상에 따라 신뢰성 시험이 절대적이라 판단되면 개발과정에 미리 기획하여 정부지원사업을 활용하는 것이 전략적으로 중요하다.

신뢰성 시험은 부품이나 소재의 개발에도 활용 가능할 것이고, 반제품이나 완제품에 대하여 특수환경에서 작동성 등의 신뢰성 시험도 가능할 것이며, 또는 수요업체가 제시하는 필수요구사항들에 대하여 신뢰성 시험의 수행이 가능할 것이다. 그 외에도 현장에서 직접 사용하는 조건들을 가정하여 적용성 시험(feasibility test)을 대체할 수도 있다.

지금까지 소개한 신뢰성 시험 이외에도 시제품과 관련되는 핵심적 및 부수적 성능에 대한 공인시험도 중요하다. 시험항목은 기본적인 성능에 대한 시험과 안전성에 대한 시험들을 공인시험으로 진행하면 된다. 특히 안전성에 대한 시험들은 대부분의 산업들이 국제적 규격들을 기준하는 경우가 많은데, 사용자들에 대한 생물학적 안전성, 주변의 전기장치 및 전자기기들의 간섭과 영향에 대한 안전성, 또는 자연환경에 대한 위해성 등의 여러 안전성에 대한 시험 항목들을 이 단계에서 수행해야 된다.

이러한 시험들은 해당 시제품과 관련되는 법률 또는 해당국의 정부기관들이 공포한 고시 등에 따라 지정하는 공인시험기관에서 공인시험을 수행하여야 한다. 공인시험기관은 역시 고시 등의 법적 근거에 따라 매년 여러 조건들을 평가하여 자격해지와 신규지정을 거듭한다. 공인시험의 진행이 상업적 출시를 목표한다면 고객에게 전달되는 제품과 어떤 변경도 없이 완전히 동일한 제품으로 수행해야 한다. 또는 성능과 안전성 시험에 동원되는 완제품의 시리얼 넘버도 동일하도록 강요하고 있다.

이러한 공인시험에서 공산품이 아닌 건강기능성식품, 의약품, 의약외품, 의료기기, 방산무기, 조달용 물품 등에 해당된다면 앞에서 수행한 성능시험, 안전성시험, 기타 필요한 서류들을 추가하여 해당 정부기관에 인허가 절차를 진행하게 된다. 당연하겠지만 인허가 절차 또는 기타 자격요건에 대하여 법적수준의 문제가 발생되면 해당 기업은 제조, 유통 등을 한시적으로 금지당하거나, 제조업 허가 또는 영업등록이 취소될 수 있으며, 상황에 따라 관련자의 벌금 등의 형사처벌이 진행되는 심각한 상황들이 발생될 수 있음에 주의가 필요하다.

⑤ 사업화 단계

실제적인 양산을 위해서는 원재료 또는 원자재의 관리에서 출하 제품의 포장까지 자잘한 업무들이 너무도 많다. 그중에서도 품질관리는 회사의 사운이 걸렸다 해도 과언이 아닐 정도로 중요한 업무이자 부서이다. 흔히들 6-시그마 또는 PPM이란 용어들은 우리의 힘들었던 과거일수도 있고, 또는 지금 이 순간에도 어디선가 지켜질 긴장감으로 연상될 수도 있을 것이다.

완제품의 품질을 관리하기 위해서는 연구소에서 개발단계에 이미 최고의 원재료, 최적의 부품, 신뢰성 있는 validation 등도 중요할 것이다. 그 외에도 품질팀에서 원재료의 입고검사, 생산팀에서 성능시험, 다시 품질팀에서 완제품 검사 등에 대한 시스템이 잘 갖춰져 있어야 한다.

그러한 시스템이라 함은 각 분야별 훈련된 인력, 정상적 원재료나 부품들, 검교정된 계측기들과 설비들, 적절한 기준규격과 방법들, 전체적 흐름에 빈틈없을 업무 시스템 등을 의미한다. 그래서 시스템의 완성도가 높아지면 제품의 품질과 생산성도 월등히 높아져 시장 경쟁력이 더욱 증가될 수 있다.

그 외에도 사업기획 단계에서서 미리 검토되어야 하지만, 최종 단계어서도 또다시 시장출시를 목표하는 제품에 대하여 사업타당성 재고 차원에서 고객세분화(Segmentation), 목표고객 설정(Targeting), 제품수준 설정(Positioning) 등의 STP 전략에 따라 어떤 컨셉, 어떤 사양, 어떤 트랙으로 제품으로 출시할 것인가 미리 결정하여야 한다.

또한 수익 모델과 관련하여 비즈니스 모델 캔바스(business model canvas), 린 스타트업 캔바스(lean startup canvas) 등의 비즈니스 모델 검토도 미리 한번 정도는 해 두는 것이 좋다, 다만 SWOT(Strength, Weakness, Opportunity, Threat) 분석은 대부분의 창업기업들은 여러 악조건들이 비슷해 재론할 필요가 없을 정도이기는 하나, 역시 한번 정도는 그 대응전략까지 고민해 두는 것이 좋을 것이다.

현재 우리나라는 여러 정부기관들이 ISO 표준에 대한 표준화 시도는 많이 도전해왔지만 아직 이렇다 할 실적은 없다. 다만 삼성과 LG 등에서 반도체, 휴대폰, TV 등과 관련된 일부 품목들에 대하여 민간 협회 수준의 규격에 대한 표준화는 있었으나, 그 외에는 시장을 선도하고 지배할 품목군이 적은 만큼 표준화 성과도 없는 듯하다.

즉 현실적으로 글로벌 수준의 가장 대표적 표준이라 할 수 있는 ISO(International Organization for Standardization)는 홈페이지(www.iso.org)를 통하여 수천개 표준(standard)을 공개하고 있다. 그러나 아직 우리 고유의 기술과 관련된 표준은 단 한건도 없는 이유는 기초과학에 대한 투자의 한계로 노벨상이 없는 것과 관련이 될지는 모르나, 한편으로 국제기구들이 한국을 포함한 아시아에 대한 배타적 정서도 한 몫 한다는 근거가 부족한 소문들까지 나돌며 우리를 불편하게 하고 있다.

결론적으로 표준화의 현황이 어떻든 우리의 의무는 개발제품들에 대한 법, 고시, 기준, 규격, 프로토콜 등의 표준 준수에 절대적인 노력이 중요할 것이고, 각 단계별 글로벌 규격의 표준들을 적용하여 제품의 경쟁력 제고에 주력하여야 할 것이다.

02. 정부지원사업 이해하기

국가가 정부지원사업으로 기업에 연구개발 자금을 지원하는 이유는 궁극적으로 기업들의 미래생존성 향상과 연계되어 있을 것이다. 그래서 국가경쟁력 수준의 높은 기술력을 확보하고 있음에도 자금여력이 부족하여 시장진출을 못하는 중소기업들에게 기회를 제공한다면 국가적 경쟁력과 경제 건전성이 점차 증가될 것으로 기대할 수 있을 것이다.

특히 중견기업이나 대기업들 미래 먹거리 발굴에 성공한다면 내부적으로 수천 명 이상의 신규고용 효과뿐 아니라 업무적으로 연결된 수많은 중소기업들의 젖줄도 될 수 있을 것이다.

중소기업들이 역할하기 쉬운 개발과제들은 대체로 1~3년 수준의 단기간에 1억원 내지 수십억원을 지원하는 수준이 될 것이다. 그러나 대기업 수준에서 시도할 수 있는 국가 전략적 개발과제들은 정부도 위험을 공동분담 하겠다거나 손익분기점을 앞당길 수 있을 장려성 취지로 최대 9년의 장기간 동안 수백억원 내지 수천억원도 지원하는 경우가 있다.

① 고용과 창업의 지원

최근의 제조업들의 상황은 근로시간 축소와 최저인건비 상승으로 인한 부담들이 점차 현실화되면서 결국은 고용불안들이 사회적 이슈화되어 가고 있는 듯하다. 그런 이유들 때문이겠지만 국가 모든 기관들도 고용과 관련된 자잘한 지원제도를 많이 보강하고 있고, 특히 실업률이 최고조에 달하면서 창업 독려를 통해 그 돌파구를 찾으려는 분위기도 있어 보인다.

그중에서도 특히 대학을 졸업하는 청년들의 실업은 결국 결혼의 지연, 출산율의 감소, 생산인구 또는 소비인구의 감소 등 도미노식 악순환들과 연계되어 있다. 그래서 많은 기관들이 여러 지원제도를 통해 고용확대를 촉진하든 청년창업을 독려하는 분위기가 전 사회적으로 만연할 정도의 분위기이다.

또한 한때는 여러 제도적 지원들을 활용하여 여성들의 창업도 많이 독려를 하고 있었지만, 최근 몇 년 동안은 경력단절 여성들에 대한 고용 독려도 많이 보인다. 결혼과 출산 및 육아부담으로 사회적으로 장기간 경력이 단절된 여성들에게 사회적 생산활동에 참여하도록 유도하고 있으나, 전반적 실업율 증가와 맞물려 한계가 있을 것으로 예상된다.

예를 들어 여성을 고용할 경우는 장기 저리 융자를 지원해주거나, 약간의 세제혜택을 주거나, 여러 정부지원사업에서 가점, 또는 여성들끼리 경쟁하는 여성창업과제를 통하여 연구개발 사업비를 여성들이 우선적으로 활용할 수 있도록 운영하기도 한다.

실제 여성의 창업이나 고용을 적극적으로 독려하는 이유는 지역 서민경제의 안정화와 직접적 관련이 있는 것으로 보인다. 예를 들어 남성들은 급여나 사업상 수입을 동료들과 술 마시거나, 고가의 개인 취미 생활 등으로 거액을 허비하는 경향이 강할 수 있다. 반면에 여성들이 수입이 생기면 집 주변의 동네식당에서 자녀들과 간단한 외식을 하고, 동네 마트에서 생필품을 구입하며, 동네 미용실에서 미용도 자주 하고, 또는 직장 주변의 찻집에서 커피도 자주 마시는 등 소액이라도 생활권 주변에서 소비를 하는 경향이라 할 수 있다.

결론적으로 보면 남성들의 지출은 지하경제와 연결되었을지도 모를 유흥업, 경제적으로 탄탄한 대기업, 또는 수입업자들이 운영하는 고가제품들에 거액의 현금이 흘러가도록 하는 경향이 많은 편으로 보인다. 반면에 여성들의 지출은 동네의 마트, 빵집, 치킨집, 미장원, 세탁소, 커피숍 등에 현금을 유입시켜 소액일지라도 주거지 또는 직장 주변에 재정적으로 불안한 서민경제권 회복에 일조한다고 볼 수 있을 것이다.

아마도 그러한 이유들 때문에 정부는 여성들의 고용 장려, 경력 단절 여성들의 고용 지원, 여성들의 창업 독려 등의 분위기를 지속적으로 조성하고 지원하는 것으로 보인다.

② 정부지원사업의 참고사항들

정부지원사업에서 각 기관들의 역할은 약간 다르게 구분하고 있다. '주관기관'은 제품의 개발, 시제품의 제작, 시험인증 등을 모두 수행하여야 하는 역할이고, 주관기관의 전문성이나 역량이 부족한 부분에 대하여 개발일정의 상당부분을 담당해 줄 '참여기관' 또는 일부 성능시험 등을 맡아 줄 '위탁기관'으로 구분할 수 있다. 또한 중기부의 산학연 지원사업은 창업기업과 공동으로 개발을 수행하는 대학을 공동연구기관으로 지정하여 과제를 수행한다.

지금까지 설명한 지원사업들은 대체로 기술이나 제품의 개발을 위한 R&D 지원사업을 기준하여 설명한 것이다. 그런데 지원사업들은 지원내용에 따라 R&D 지원사업과 비R&D 지원사업을 구분한다. R&D 지원사업은 흔히 일반적인 개발과제를 생각할 수 있다. 예를 들어 1년간 1.5억원의 사업비로 생활폐기물을 플라즈마로 소각하는 폐기물 소각장치를 개발하거나, 또는 대학과 정부출연연 등이 포함된 총 7개 기관이 5년간 100억원으로 수소연료자동차를 개발하겠다면 이런 유형은 분명 'R&D 지원사업'이라 할 수 있다.

그러나 '비R&D 지원사업'은 기업에서 제품들과 부수적으로 연계된 개발을 대상한다고 보면 된다. 예를 들어 앞에서 소개한 플라즈마 소각장치를 개발할 경우, 제품의 디자인을 지원하는 0.2억원 정도의 디자인지원사업들이 많이 있고, 이때 목업(mockup)을 포함할 경우 0.3억원 수준이 될 것이다. 또한 특허를 출원할 경우에는 1~2백만원 범위로 지원하는 경우가 많으나, 특허청 산하 한국특허전략

개발원 또는 발명진흥회 등의 지원사업은 0.4~1.2억원 수준으로 10~20주 동안 변리사가 직접 매주 기업들을 방문하여 전세계 경쟁사들의 특허를 비교분석하여 설명해주고 대응 가능한 전략도 안내하여 지식재산권 확보에 빈틈없도록 지원한다.

그 외에도 국내 전시회 지원, 해외 전시회 지원, 해외시장조사 지원 등 직접적인 제품개발은 아니지만 제품과 관련되어 부수적으로 발생되는 업무들에 대한 지원도 비R&D 지원사업에 해당된다.

정부지원사업의 경쟁률에 대하여 묻는다면 경쟁률을 공식적으로 공개하는 경우가 드물어 정확히 알 수가 없을 것이다. 특히 각 전담기관, 지원사업의 종류, 또는 시기에 따라 수시로 변동되는 실정이다. 예를 들어 어떤 지원사업이 지난번에는 1, 2차 모두 경쟁률이 1.2 대 1 수준이어서 탈락이 없을 정도였다면, 다음 기회에는 그 소문이 퍼지면서 경쟁률이 높아지는 기현상들이 가끔씩 목격되는 편으로 보인다.

그러나 대체적인 경쟁률을 추정해본다면 서면평가(사업계획서)는 대략 2~5 대 1로 추정해볼 수 있을 것이고, 대면평가(발표)는 대체로 대략 2~3 대 1 비율이 일반적 범위로 추정해 볼 수 있을 것이며, 또한 현장평가가 있는 경우 사업장, 인력, 증빙서류에 문제가 없는 한 탈락사유가 되지는 않는다. 그래서 전체적 경쟁률은 서면평가 2~5 비율과 대면평가 2~3 범위를 곱한다면 4~15 대 1 수준 정도 될 것이나, 아무래도 억측일 뿐이다. 그래서 어떤 시기에는

30 대 1의 치열한 경쟁 상황일 수도 있고, 또는 어떤 과제는 1.5 대 1로 준비도 거의 못했는데 대면발표에서 평가위원들의 전략적 조언까지 받으면서 선정되는 당황스런 경우도 있을 것이다.

지원사업의 절차는 전 기관들이 대부분 비슷한 편인데, 지원사업비 규모가 10억원 넘을 다년간 대형과제들은 수개월 전에 수요조사 또는 개발제안서(RFP) 접수부터 시작하는 경우가 많다. 그렇게 접수된 개발주제들을 국가백서와 각 부처별 전략에 맞춰 기획한 다음 특정 주제를 공고하는 지정공모형, 어떤 산업군 또는 완전히 자유로운 주제로 지원가능한 자유공모형이 있다.

지원사업의 공고후, 요즘은 대체로 온라인으로 사업계획서를 포함한 법인서류를 접수하는 서면평가, PPT 또는 제출했던 사업계획서 원본으로 직접 발표 및 질의응답하는 대면발표, 실제 사업장을 방문하여 사업장의 실체와 지원자격들을 서류점검하는 현장평가의 순으로 진행할 것이다. 그 절차들은 정부 부처 또는 평가기관마다 약간씩 다를 수 있으나, 서면평가 및 대면평가후 협약은 가장 중요한 만큼 대체로 공통적인 과정이다.

최종적으로 선정된 주관기관들을 대상으로 과제책임자를 포함한 연구원들을 대상으로 교육을 실시하고 협약서를 체결한다. 그리고 개발과제를 착수하면 현장점검을 하는 중간평가와 결과물 발표를 하는 최종평가의 순으로 완료하게 된다.

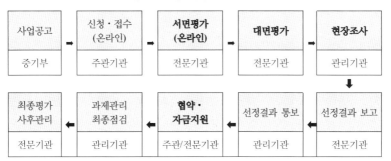

[도표] 중기부의 창업성장기술개발사업 절차

사업공고	신청·접수 (온라인)	서면평가 (온라인)	대면평가	현장조사
중기부	주관기관	전문기관	전문기관	관리기관

최종평가 사후관리	과제관리 최종점검	협약· 자금지원	선정결과 통보	선정결과 보고
전문기관	관리기관	주관/전문기관	관리기관	전문기관

※ (주관기관) 개발과제 신청기업, (관리기관) 지방중소벤처기업청, (전문기관) 중소기업기술정보진흥원
※ 출처: 중소기업기술정보진흥원 창업성장기술개발사업 공고문

그러나 과제수행이 부실해보일 경우 중간평가 단계에서 중단시키거나 또는 최종평가에서 실패로 판정한다. 그렇게 되면 개발을 수행한 주관기관은 몇 차례 이의신청 기회를 통해 소명하여 판정이 번복되도록 할 수도 있다. 가끔 인건비 또는 출장비의 배임 횡령 등이 의심되고 사실 확인이 되면 검찰에 이관되어 민형사 재판이 진행되는 경우도 매년 반복되는 것으로 보인다.

선정 과정에서 학력, 학위, 학연, 지연 등이 평가나 최종선정에 나쁜 영향을 미칠 가능성은 없으므로 안심해도 된다. 평가위원들은 사업을 주관하는 기관의 모든 정보자료들을 열람함에도 불구하고 개발에 대한 역량과 전문성 또는 사업 타당성 등에만 집중할 뿐, 학연 지연 등에 편향적이거나 배척하는 정적인 요소들에는 일체 관심이 없다고 봐도 된다.

지원사업비에서 인건비를 산정할 수 있는 연구원 자격에서 직계존비속은 개발에 필수적이고 절대적인 사유를 증빙하지 못한다면 인정되는 경우가 거의 없으니 연구원 명단에 편성만 하고 사업비의 산정에는 제외하는 것이 바람직하다.

정부지원사업에서 '참여율'이라는 것은 개인의 인건비가 개발과제의 사업비에서 인건비로 편성되는 비율을 의미한다. 예를 들어 연구원의 인건비 100만원일 때, 사업계획서의 사업비-인건비에 30만원을 책정했다면 참여율은 30%가 된다. 이때 30%에 해당하는 30만원을 개발과제 사업비에서 매달 인출하겠다면 사업비 내역에는 '현금'으로 분류된다.

반면에 사업계획서의 사업비 내역에 서류상 30%의 30만원으로 책정만 하고, 실제 인건비 지불은 개발과제 사업비가 아닌 회사가 그대로 한다면 그 경우는 30% '현물' 출자를 의미한다. 그 경우 회사가 실제 지급하는 인건비는 30% 30만원과 70% 70만원을 모두 회사가 지급하는 것이다. 즉 인건비를 기준으로 30% 참여한다고 선언하는 것이다. 이때 인건비 기준은 세금과 4대보험을 포함하여 지급되는 매월 급여총액 또는 계약된 연봉총액의 1/12 금액을 의미한다.

참여율을 구분하는 실질적 이유는 어떤 연구원의 인건비를 기준으로 100% 이상의 참여는 제한하고자 하는 취지이다. 즉 어떤 연구원이 모든 지원사업들에 무한정 참여하여 독식하는 것을 막고자 각자 인건비를 기준으로 참여율 100%를 모두 소진하면 더 이상 과제

참여자격을 제한하는 것이다. 그래서 반대로 아주 낮은 참여율로 수많은 과제의 참여도 제한하고자 과제책임자의 참여율은 최소 30% 이상으로 지침(고시) 또는 공통운영요령등으로 규정하고 있다.

또한 참여율의 남용을 방지하기 위하여 '3책5공'이라는 용도도 있다. 이것은 연구원 1명이 동일 기간 중에 R&D 지원사업의 과제책임자로는 동일기간 내에 3번까지만 참여 가능하고, 공동연구원으로는 5번까지 참여 가능하도록 제한하는 것을 말한다. 궁극적 취지는 역시 한 기업 또는 한 연구원이 유사한 지원사업들의 독식을 방지하고자 하는 차원이다.

그 외에도 중기부의 중소기업기술정보진흥원(기정원)은 국민의 세금으로 조성된 지원사업비가 일부 기업에 편중되는 폐단을 또다시 줄이고자 '졸업제'를 시행하고 있다. 즉 ① 창업성장, ② 산학연 협력, ③ 제품공정, ④ 제품서비스, ⑤ 기술전문기업 협력 R&D 사업의 총 5개 지원사업에 대해서 총 4회까지 수행하도록 제한하고 있다.

정부지원사업의 수행에 좀 독특한 것으로 바우처(voucher)라는 제도가 있는데, 중기부의 창업자들을 대상하는 과제에 해당된다. 바우처는 '특정 수혜자에게 추가적 비용을 보조한다.'는 의미인데, 일부에서는 바우처 비율이 다소 높아 불만이 있어 보인다. 즉 힘들게 개발과제 선정에 노력했는데, 그 노력과 무관한 대학이나 정부출연연 등 제3기관에 많은 비율의 현금을 의무적으로 할당해야 하는 점이다. 또는 의무라는 이유로 그렇게 산정된 비용이 의뢰하는 업무에 비해 과도해보여 비용지출이 합리적인가에 대한 의구심 수준의 불만으로도 생각된다.

어쨌든 바우처 제도는 지원사업비 총액 중에서 일부 창업성격의 과제에서 총사업비 현금의 수십 %를 개발의 일부를 전담할 대학이나 정부출연연 등에 지출하여 개발의 완성도를 높이겠다는 취지로 운영 중인 것으로 보인다.

지원사업의 지침에 따라 지원하지 않는 대상들도 있다. 즉 개발을 지원하는 사업은 고도의 기술적 난관들을 극복하며 글로벌 경쟁력의 제품을 개발하도록 독려하는 사업이다. 그런데 일부 부품의 교환 등을 통한 비교적 단순한 성능개량(upgrade), 개발업무의 대부분을 외주에 의존하는 조립성, 자사제품의 생산을 위한 생산라인 설비의 개발, 제품의 유통과 관련되는 업무 등은 평가단계에서 탈락된다. 그 외 제조업이 아닌, 유흥업, 일반숙박업, 도박, 향정신성 의약품, 사치성 물품 등의 개발도 지원사업의 대상에도 제외된다.

이미 자사에서 제조 또는 유통 중인 제품을 마치 새로 개발하는 듯이 지원하는 경우는 심각한 도덕적 해이(moral hazard)에 해당되므로 사업비를 이미 소진했더라도 책임비율만큼 환수당하고 민형사상 처벌도 불가피하다. 또는 지원사업을 실패할 경우, 별도의 평가위원회에서 각 기관별 책임비율이 결정되면 해당비율이 수십억원이 넘더라도 전액 현금으로 반환하여야 하고, 역시 민형사상 처벌은 별도로 추가된다.

그 외에도 지원사업의 종료 시점에 회계감사에서 환급을 요구하면 소명사유가 적절하지 못하면 환급해야한다. 그 경우는 회계감사 중에 즉시 환급해야 하는 경우도 있고, 여러 사람 또는 여러 단체가 모호한 사유로 얽혀서 법적 판결 후에 환급 및 민형사 처벌이 진행되는 경우도 있다. 어쨌든 환급이 결정되면 회사가 폐업했더라도 대표이사의 개인에게 일평생 따라다니는 채무이므로 국민의 세금으로 조성된 사업비의 집행은 결코 소홀히 지출되지 않도록 주의해야 한다.

[도표] 정부지원사업비의 환수대상

구분	내용
공통	거래명세서 또는 견적서 내용이 부적절한 지출
	지출과 관련된 증빙사진이 누락된 지출
	상식적으로 납득이 곤란한 과도한 지출
	간이영수증으로 증빙하는 지출
	협약 사업계획서 또는 추가 승인되지 않은 지출
인건비	인건비를 대표이사 개인계좌(현금)로 돌려받은 경우
	사전에 밀약으로 인건비 일부를 돌려받은 경우
	연구원 인건비를 현금으로 지급했다고 하는 경우
	기존 연구원 퇴사후 미신고 연구원에 인건비의 지급
재료비	개발과 관련되나 특정재료를 과도하게 구입
	개발과 무관한 원재료 또는 부품의 구입
	제품의 생산(양산)으로 보이는 원재료 또는 부품의 구입
	승인되지 않은 분석기기 또는 장비의 구입
	분석기기 구입으로 승인되었으나 양산용으로 활용
활동비 및 추진비	술이 포함된 식사
	개발회의 등을 사유로 고액의 식사비 지출
	회의록 또는 참석자 서명이 없는 회의비 지출
	개발내용과 무관한 업무를 수행후 지출
	개발내용과 무관한 외주업체 거래처 접대 관련의 지출
간접비	개발 내용과 무관한 지식재산권의 출원이나 등록

정부지원사업을 지원하기 전에 개발대상의 제품(또는 기술)이 회사의 생존과 사업성 확장에 절대적 필요성, 시장규모, 경쟁사, 경쟁제품, 유사기술, 후발주자 등 심층적인 사업타당성 분석을 수행하여 결정해야 한다. 또한 단순히 정부지원사업에 대한 종적인 수행보다 제품개발, 정부지원사업, 시장점유율 확대, 글로벌 진출 등 횡적인 목표에 대한 전략도 같이 검토하여 수행하여야 할 것이다.

기업은 영리를 목적으로 하는 집단으로 만일 매출과 관련되지 않을 아이템이라면 가급적 정부지원사업을 수행하지 않는 것이 좋다. 정부지원사업은 속된 말로 '눈 먼 돈'이 아니다. 최소 1명 이상의 전문인력이 있어야 하고, 그 인력의 일부 인건비는 회사가 부담해야 할 것이며, 경영자들도 불가피하게 자잘한 업무들에 시간을 소비해야하고, 비용을 지출해야 한다.

또한 시간적인 측면에서도 정부지원사업은 개발 전에는 계속 공고가 날 때까지 대기, 과제 접수, 현장평가, 대면발표, 선정자 교육까지 대략 6개월 정도의 긴 시간이 소모된다. 그 다음은 사업수행과 중간평가가 끝나면 벌써 1년이 지난다. 그로부터 몇 달 후 최종평가, 개발결과물 제시, 지출증빙, 사진촬영, 세금계산서 등 각종 증빙자료 제출, 추가적으로 권고 받는 전시회 참여 등에 또다시 3～6개월 지나간다. 정말로 많은 행정적 절차들과 보이지 않는 자잘한 업무부담이 결코 만만치 않다. 차라리 매출과 무관할 자금유용성 개발이라면 그 기간에 기존 제품의 영업과 품질향상에 더욱 집중하는 것이 가장 바람직하다.

03. 정부지원사업비 이해하기

　대부분의 중소기업들은 매출규모의 한계와 그에 따른 자금유동성 부족으로 연구개발 투자여력이 거의 없는 편이다. 그러한 중소기업들의 개발역량을 지원하고자 정부는 개발비용을 상당부분 지원하는 정부지원사업을 운영하고 있다. 역시 정부지원사업의 의의라면 기업의 자금조달 경로들 중에서 채무관계 또는 지분유출 없이 순수한 기술력에 근거하여 자금을 조달할 수 있는 유일한 사업이다.

　정부지원사업의 시행과 공고에 대한 확인은 각 부처 산하의 여러 전문기관을 수시로 직접 방문하는 모니터링으로 확인할 수 있을 것이다. 예를 들어 중기부의 중소기업기술정보진흥원(기정원)은 『종합관리시스템』(SMTECH, smtech.go.kr)이 중소기업들에게 비교적 도움이 큰 R&D 지원사업의 기관이다.

　그러나 기업을 경영하는 동안 제품의 생산과 영업뿐 아니라 온갖 일로 바빠 지원사업의 이해도 힘들지만 여기저기 기관들을 찾아다니며 검색도 힘들 것이다. 그래서 R&D 지원사업뿐 아니라 금융, 인력, 수출 등 여러 비R&D 지원사업들의 정보도 같이 검색이 가능한 중소기업연구원에서 운영하는 『기업마당』(www.bizinfo.go.kr)이 있다. 해당 사이트는 매일 모든 정부 부처들 또는 산하기관에서 시행 공고하는 R&D 지원사업과 비R&D 지원사업을 업데이트하고 있다. 전체적으로 정부지원사업을 전담하는 대표적인 부처와 기관은 아래 도표와 같다.

[도표] 정부지원사업 전담기관 현황

정부부처	전문기관
과학기술정보통신부	정보통신산업진흥원(NIPA)
산업통상자원부	한국산업기술평가관리원(KEIT) 한국산업기술진흥원(KIAT) 에너지기술평가원(KETEP)
중소벤처기업부	창업진흥원(KISSED) 중소기업기술정보진흥원(TIPA) 중소기업진흥공단(SBC)
농림축산식품부	농림수산식품기획평가원(iPET) 농림축산검역본부(APQA) 농업진흥청
해양수산부	해양수산과학기술진흥원(KIMST)
환경부	한국환경산업기술원(KEITI)
보건복지부	한국보건산업진흥원(KHIDI)
국토부	국토교통과학기술진흥원(KICTEP)
국방부	방위사업청(DAPA) 국방기술품질원(DTAQ)

　　2019년도 국가예산은 전년 대비 9.7%의 41.7조원이 증가한 470.5 조원으로 2018년도 7.1% 증가율 보다 높고, 2019년도 경제성장률 전망 4.4%의 2배 이상 수준이다. 그 중R&D 예산은 주요 R&D 16.4728 조원, 일반 R&D 40.601조원으로 총 57.0378조원이며, 이는 정부예산의 12.13%라는 엄청난 비율이다. 부처별로는 과기부 70.0조원, 산업부 32.1조원, 중기부 10.7조원 등으로 국가성장동력과 고용의 핵심이 되는 제조업 분야에 대한 연구개발비중이 비교적 높은 편이다.

[도표] 정부부처별 정부지원사업비 현황

구분	2018	2019		
	(억원)	(억원)	증감액	비율(%)
과학기술정보통신부	67,357	69,956	2,599	3.9
산업통상자원부	31,623	32,068	446	1.4
중소기업벤처부	10,917	10,744	△172	△1.6
농림축산식품부	8,731	8,743	41	2
해양수산부	6,145	6,362	218	3.5
환경부	3,402	3,315	△87	△2.6
보건복지부	5,479	5,511	32	0.6
국토부	4,667	4,822	156	3.3
교육부	17,488	19,286	1,798	10.3
국방부 방사청	29,017	32,285	3,268	11.3
국무조정실	4,784	5,002	218	4.6

※ 출처: 정부R&D사업 부처합동설명회 자료 (2019.01)

간혹 지원자격 측면에서 매출액에 따라 지원 가능한 기관 또는 과제가 다를 것이라고 오해하거나 또는 법인기업만이 정부지원사업에 지원가능할 것이라고 오해하는 경우도 있다. 정부에서 중소기업의 연구개발을 독려하기 위한 사업들에 대한 자격은 개인기업(개인사업자)과 법인기업을 구분하지 않고, 매출액에 대한 차별도 없으며, 어떤 기업이든 지원할 수 있다.

다만 매출액이 적거나 자금 여유가 없는 기업들은 재정적으로 참여하기 곤란할 뿐이다. 모든 지원사업에는 '기업부담금'이라 하여 기업도 전체 사업비의 일부를 부담해야 한다. 즉 기업이 자부담을 하더라도 개발하겠다는 의지에 대한 문턱값으로 일정비율을 부담하는 것이다. 그렇게 함으로써 정부가 전액을 지원할 경우 너무 무분별한 사업지원, 소위 '눈먼 돈'처럼 인식하는 정부지원사업비 활용에 대한 도덕적 해이, 또는 좀비기업들이 점점 장수화되는 폐단을 조금이라도 감소하려는 대안이다.

기업부담금의 비율은 각 지원사업들마다 다르지만, 대체로 창업기업의 경우 총사업비의 10~20%, 중견기업 이상이 되면 30~40%까지 높아질 것이며, 또한 기업부담금 중에서 약 40~60%는 현금으로 부담하고 나머지는 연구원 인건비, 사내 장비사용료 등의 현물로 부담하도록 규정한다. 예를 들어 총 사업비가 2억원일 경우, 기업부담금 20%는 4,000만원이 되겠고, 그 중에서 현금 40%는 1,600만원이 된다. 즉 제품개발을 위해 정부지원사업비 1.6억원을 받으려면 기업은 현금 1,600만원을 최종 선정후 신규 개설한 전용계좌에 선입금하도록 요청받게 된다.

[도표] 정부지원사업비 구성의 예

총액	정부지원금	기업부담금		
		총액	현금	현물
100%	80%	20%	40%	60%
2억원	1.6억원	0.4억원	0.16억원	0.24억원

또한 총사업비 20억원에서 기업부담금 30%와 현금부담 60%의 지원사업이 있다고 가정하자. 이 경우 2년 이상의 연차평가 과제이거나 또는 다수의 참여기관과 위탁기관도 포함된 지원사업일 것이다. 이 경우 기업부담금 30%는 6억원이고, 그 중에서 현금 60%는 3.6억원이 될 것이다.

그런데 중소기업들의 1년간 매출액을 20억원으로 가정한다면, 흥부 대박 터질지 불확실한 개발에 현금 일시불 3.6억원의 조달은 엄청난 타격이다. 너무 부담스럽거나 자금조달이 불가능하여 포기하는 기업들도 있을 수 있다. 결론적으로 본다면 대부분 지원사업들이 기업의 매출액 규모 등에 대한 차별은 없겠으나, 현금유동성 때문 지원에 스스로 한계가 있을 뿐이다.

한편 기업들의 사업비 활용에 대한 착오가 우려되어 실제 사업비의 현금은 전문기관이 관리하고, 기업은 포인트 식으로 할당받는 경우가 있다. 주로 창업 수년 이내의 기업들이 사업비 활용에 착오 또는 사업비 전용의 우려 때문이다. 그래서 지출관련 서류를 전문기관으로 제출하면 해당 사업비를 거래처에 직접 송금대행하면서 포인트를 차감하는 방식으로 운영될 수 있으나, 관련 제도들이 매년 잦은 변경으로 각 과제별 공고 또는 지침에 따르면 된다.

대부분 지원사업의 규모는 대략 수억원 내외가 가장 많은 편이다. 구체적으로 본다면 창업자들이 많이 접촉하는 창업진흥원은 지원사업에 따라 0.5~1억원 수준의 사업비를 지원하는 편이고, 사업기간도 대부분 1년이다.

예를 들어 국내에서 기업수 99.9%를 차지하는 중소기업들이 가장 많이 접촉할 기정원의 대부분 R&D 지원사업들은 1~2년간 1~5억원을 지원한다. 또한 농림부 산하의 농림식품기술기획평가원(농기평)의 식품개발 과제들은 0.5억원 수준도 많은데, 식품의 개발은 원재료, 첨가물, 가공기기, 포장제, 제품전시회 등을 제외하면 더이상 자금소요가 없기 때문이다.

반면에 산업부나 과기부는 최소 수억원 내지 10억원 이상도 많고 대형사업은 100억원을 넘는 경우가 있다. 물론 그 경우는 단독으로 할 수 있는 개발과제가 아닌 고도의 종합기술에 대하여 주관기관이 각 기술분야별 다층의 참여기관들을 섭외하여 개발사업을 수행하게 된다.

예를 들어 기초기술과 학술발표 등은 대학이 전담하고, 인증관련 예비시험과 신뢰성 시험 등은 국가 공인인증기관 또는 정부출연연구원 등이 전담할 수 있을 것이며, 실제적 임상시험이 필요하다면 상급종합병원이 전담하는 등의 방식으로 주관기관이 공동개발기관 또는 참여기관으로 구성하여 장기 대형 개발과제를 수행할 수 있다.

① 중소벤처기업부 – 중소기업기술정보진흥원

중소기업이 우리 경제의 99%를 차지한다는 측면에서 중소기업들이 가장 쉽게 접근할 수 있는 정부부처는 중소벤처기업부(중기부)이고, 산하기관으로 창업진흥원(창진원), 중소기업기술정보진흥원(기정원), 중소기업진흥공단(중진공)이 있다.

중기부가 2018년도 산업통상자원부(산업부)로부터 독립하면서 산업부의 일부 지원사업과 사업비도 이관 받았다. 그 중에서 정부지원사업비의 대부분을 관리하고 있는 기정원은 20개 이상의 지원사업에 총 지원사업비는 2019년 기준으로 1.07조원 규모이다. 그런데 장기적으로는 중소기업들의 비중이 큰 국내 여건으로 볼 때 훨씬 더 증가될 것으로 보인다.

중기부의 개별적인 지원사업들의 지원규모는 대표적으로 창업성장-기술개발사업이 1년 1.5억원 수준, 혁신형 기술개발사업 2년 5억원 수준으로 대부분 1~5억원 범위이다. 또한 첫걸음, 도약, 연구마을 등의 1~2억원 수준의 산학연기술개발사업을 과거에는 대행하고 있었으나 현재는 완전히 이관받아 독자적으로 운영하고 있다.

[도표] 중기부의 주요사업 현황 (2019년)

구분	지원사업	사업비(억원)	
		규모	소계
단독 R&D	창업성장 기술개발	3,598	4,222
	제품서비스 기술개발	117	
	공정품질 기술개발	428	
	현장수요형 스마트공장	36	
	재도전 기술개발	43	
협력 R&D	중소기업 상용화 기술개발	1,868	2,608
	연구기반활용	125	
	선도연구기관협력 기술개발	101	
	중소기업 R&D 역량제고	149	
	산학연 Collabo R&D	123	
	산학연협력신사업 R&D 바우처	242	
지역산업 R&D	지역기업 혁신성장 지원	291	614
	융복합단지연계 상용화 R&D	120	
	지역기업 개방형 혁신 바우처	203	
인력지원	중소기업 연구인력지원	338	
계			7,782

결론적으로 중기부의 지원사업들은 창업자를 포함한 중소기업들을 대상하는 지원사업이라 총 지원사업비 규모는 엄청난 만큼 지원사업의 수도 많지만, 반면에 개별적인 사업비 규모는 앞에서 언급했듯이 1~5억원으로 비교적 적은 편이다.

[도표] 중기부의 R&D 지원사업-① 단독 R&D (2019년)

구분	사업	기간	정부 지원	기업 부담	총 비율	지원액	기업수
① 단독 R&D		(년)	(억원)	(억원)	(억원)	(억원)	(개)
창업성장 기술개발	디딤돌	1	80%	20%	100%	1,068	712
			1.5	0.375	1.875		
	혁신형	2	80%	20%	100%	1,006	252
			4	1	5		
	선도형	1	80%	20%	100%	289	96
			3	0.75	3.75		
기술창업투 자연계	TIPS	2	80%	20%	100%	1,235	247
			5	1.25	6.25		
제품서비스 기술개발	제품 서비스화	1	65%	35%	100%	117	68
			2	1.08	3.08		
	신규 서비스창출	1	65%	35%	100%		
			1.5	0.81	2.31		
	업종 공통서비스	1	65%	35%	100%		
			2	1.08	3.08		
공 정 품 질 기술개발	제품공정	1	75%	25%	100%	323	969
			0.5	0.17	0.67		
	뿌리기업	1	75%	25%	100%	105	154
			1	0.34	1.34		
현장수요형 스마트공장	클라우드 기반	2	65%	35%	100%	36	16
			6	3.23	9.23		
	K-앱시스트	2	65%	35%	100%		
			6	3.23	9.23		

구분	사업	기간	정부지원	기업부담	총 비율	지원액	기업수
재도전 기술개발	재도전	1	80%	20%	100%	43	33
			1.5	0.38	1.88		
	민간투자연계	1	80%	20%	100%		
			1.5	0.38	1.88		
	사업전환	1	75%	25%	100%		
			1.5	0.5	2		

※ 출처: 중소벤처기업부 (2019.01)

[도표] 중기부의 R&D 지원사업-② 협력 (2019년)

구분	사업	기간	정부 지원	기업 부담	총 비율	지원액	기업수
② 협력							
구매조건부 신제품개발	국내수요처	2	60%	40%	100%	1,868	
			5	3.33	8.33		
	해외수요처	2	65%	35%	100%		
			5	2.69	7.69		
	R&D PIE	2	60%	40%	100%		
			6	4	10		
	민관공동투자	2	37.5%	63%	100%		
			10	16.67	26.67		
중소기업 네트워크형 기술개발	기획지원	6개월	90%	10%	100%	-	
			0.3	0.03	0.33		
	R&BD	2	65%	35%	100%		
			6	3.23	9.23		
기술전문기업 협력기술개발	기획지원	1	65%	35%	100%	-	
			1	0.54	1.54		
연구기반 활용	연구집중형 (7년이하)	1	70%	30%	100%	125	
			0.7	0.30	1.00		
	연구집중형 (7년초과)	1	60%	40%	100%		
			0.7	0.47	1.17		
선도연구기관 협력기술개발	(2단계) 기술 개발지원	1	75%	25%	100%	101	
			3	1.00	4.00		
중소기업 R&D 역량제고	R&D기획지원 전략과제	4개월	75%	25%	100%	149	547
			0.255	0.09	0.34		

		기간	정부지원	기업부담	총비율	지원액
	맞춤형파트너	9개월	75%	25%	100%	
			0.3	0.10	0.40	
	위기지역	1	80%	20%	100%	
			1	0.25	1.25	
산학연 Collabo R&D	산학협력 2단계사업화	2	75%	25%	100%	123
			4	1.33	5.33	
	산연협력 2단계사업화	2	75%	25%	100%	
			4	1.33	5.33	
산학연협력 신사업 R&D 바우처	산학연협력 신사업 R&D	1	75%	25%	100%	242
			2	0.67	2.67	

※ 출처: 중소벤처기업부 (2019.01)

[도표] 중기부의 R&D 지원사업-③지역, ④인력지원 (2019년)

구분	사업	기간	정부지원	기업부담	총비율	지원액	기업수
③ 지역							
지역기업 혁신성장	K-앱시스트	2				291	143
			2				
지역기업 개방형 혁신 바우처	자유공모	1				203	133
			2				
④ 인력지원							
공공연 연구인력 파견지원	기업별 1명	3년	인건비 50% 지원			82.8	150명
			정규직 전환시 3년 연장				
신진연구인력 채용지원	기업별 2명	3년	연봉 50%			150.6	711
			(학~박사/0.15~0.25)				
고경력연구인력 채용지원	기업별 1명	3년	연봉 50%			150.6	-
			0.5				
기업연계형	최소10명참여					30	10

※ 출처: 중소벤처기업부 (2019.01)

② 중소벤처기업부 – 창업진흥원

창업진흥원(창진원)은 대전에 본원을 두고 창업자들을 대상으로 소액의 지원사업을 진행해오고 있다. 지원분야는 이공계열과 연계한 제조업 위주의 기술창업을 지원하는 편이고, 지원대상은 반드시 제조업 뿐 아니라 가내수공업 수준의 자잘한 아이템에 대해서도 창업으로 인정하고 지원하는 편이다.

[도표] 창업진흥원의 주요 사업내역 (2018년)

사업구분	지원사업비 규모	비고
창업선도대학	91,810	
창업사업화지원	171,430	
창업저변확대	27,204	
중소지식서비스	0	
중소기업재기지원	17,249	
지역혁신생태계구축지원	38,950	
지역특화사업활성화지원	6,678	
6개월챌린지및액셀러레이터	1,804	
창업생태계 기반 구축	800	
직영특화BI운영 등	1,423	
지원사업비 총액	357,348	(백만원)

※ 출처: 공공기관경영정보공개시스템

대표적인 지원사업으로는 창업선도대학, 창업도약패키지, 선도벤처연계 기술창업, 재도전 성공패키지 등 7개의 지원사업을 운영하고 있다. 사업비의 지원규모는 R&D를 지향함에도 불구하고 대체로 0.5~1억원 수준의 적은 규모로 운영 중에 있다. 따라서 연구개발의 규모가 크거나 이공계열의 전문성이 높은 창업자들은 창진원의 지원사업에 관심이 낮은 편이다.

③ 산업통상자원부 - 한국산업기술평가관리원(KEIT)

2018년도 기준으로 앞의 도표에서는 산업부에 3개의 전담기관을 기술했으나, 현재 한국산업기술평가관리원(산기평)(KEIT)이 한국산업기술진흥원(KIAT)과 에너지기술평가원(KETEP)의 2개 기관을 흡수 통합하여 운영하고 있다.

[도표] 한국산업기술평가관리원의 주요 사업내역 (2018년)

사업구분	지원사업비 규모	비고
산업핵심기술개발사업	654,010	
소재부품기술개발사업	261,696	
글로벌전문기술개발사업	167,890	
중소기업기술혁신개발사업	0	
기타산업기술개발사업	404,390	
지원사업비 총액	1,487,986	(백만원)

※ 출처: 공공기관경영정보공개시스템

산업부의 지원사업 대부분은 산업기술평가관리원에서 운영하고 있는데, 2018년도에는 R&D 개발을 위해 1.5조원의 지원사업비를 관리하고 있다. 산기평의 개별적인 지원사업비 규모는 5억원에서 수십억원 또는 장기 대형 개발과제의 경우 100억원 이상 되는 지원사업도 운영하고 있다. 따라서 스타트업을 포함한 중소기업들을 대상하는 중기부의 기정원과 지원규모 측면에서는 상당한 차이를 보이는 것을 알 수 있다.

산기평 지원사업들의 특성이라면 전년도 또는 수개월 전에 미리 기업들을 대상으로 사전에 수요조사 또는 제안요청서(Request For

Proposal, RFP)를 접수받는다. 그렇게 수집된 정보들은 국가적 차원의 백서 또는 산업분야별 전략에 따라 개발대상을 기획한다. 그리고 별도의 평가단 또는 내부검토를 거쳐 수정안을 만들고 개발과제로 공고하여 선정하고 있다.

④ 산업통상자원부 – 한국산업기술진흥원(KIAT)

산업통상자원부 산하 준정부기관으로 2009년 설립된 KIAT는 산업기술의 정책기획, 산학협력, 소재부품, 국제기술협력, 기술사업화, 지역산업, 중견기업 지원 등 다양한 사업을 수행하는 종합기술지원기관이다.

주요 업무들을 확인해보면 산업기술혁신 촉진을 위한 산업기술정책 이슈 발굴, 연구, 기획하고, 중장기적인 산업기술의 정책과제 연구, 현안 대응 수시 기획, 산업기술 정책 동향 조사한다. 산업기술의 정책 및 산업환경 변화에 대응하는 산업기술 R&D 전략 수립하고, 스마트 제조 R&D 중장기 로드맵 수립, 산업기술 R&BD 전략 공동수립, 글로벌 기술규제 대응 R&D 전략 수립하고 있다. 산업기술 R&D 사업의 종합성과를 분석 등을 수행하고 있다.

또한 산학연 네트워크 포럼 운영을 위하여 산업기술정책 유관기관, 기업, 공학교육혁신센터·공학기술교육혁신센터 등의 참여를 조성하여 산업기술 정책지원 및 발전전략 모색을 위한 산학연 연계와 협력에 노력하고 있다. 산업현장의 여성 R&D 인력 확충을 위한 사회문화 조성 차원에서 여성R&D 고용 포럼의 운영, 경력단절 여성 및 신진여성연구원 취업지원·컨설팅, 지역별 여성 R&D 인력 참여분위기 확산하는 등의 업무도 수행하고 있다.

[도표] 한국산업기술진흥원의 주요 사업내역 (2018년)

사업구분	지원사업비 규모	비고
기술전략정책연구	5,350	
국제기술협력지원	88,613	
기술이전사업화	86,735	
인력양성인프라지원	347,104	
지역산업지원	577,947	
소재부품산업지원	49,152	
중견기업육성지원	119,514	
지원사업비 총액	1,269,065	(백만원)

※ 출처: 공공기관경영정보공개시스템

제3장

기관보증대출 이해하기

01. 신용보증기금 이해하기

신용보증기금은 1975년 신용보증기금법 시행으로 1976년 설립된 기관이다. 신용보증으로 국내 중소기업의 금융을 원활히 하는 중소기업의 종합지원기관이며, 창업기업에 대한 지원, 신용보증 업무, 신용정보 종합관리 및 신용보험, 산업기반 신용보증, 기업경영지도 등의 업무를 수행하고 있다.

신용보증기금도 기술보증기금처럼 혁신형 기업들에 대한 지원제도를 가지고 있다. 특히 '혁신형 중소기업'에게 다양한 지원을 시행하고 있는데, '혁신형 중소기업'이란 기술과 경영혁신을 주도해 나가는 중소기업을 말한다. 흔히 조세특례제한법 시행령에 의해서 기술집약산업을 영위하는 기업에 해당하는 기업들을 의미하는데, 기술집약산업 영위기업과 벤처기업, 이노비즈기업, NET, NEP 등 기술관련 인증 기업이 해당된다.

또한 수상 기업에 해당하는 기술혁신형 기업, 차세대 성장산업인
정보기술관련(IT), 생명관련기술(BT), 나노기술관련(NT), 문화기술
관련(CT), 환경기술관련(ET), 항공우주기술관련(ST) 기업들과 10대
차세대 성장동력산업 참여기업과 수출중소기업, 지역별 전략적 육
성산업 영위기업, 부품 소재 전문기업, 혁신형 창업기업, 그리고 생
산성 경영체제 인증 기업 등도 함께 해당된다.

이들 '혁신형 중소기업'들은 우대부문 보증제도를 통해서 대상기
업에 해당할 경우, 기술개발 관련 자금이나 에너지 이용 합리화 사
업자금 등에 대해서 일반보증 한도 적용의 우대를 받을 수 있다.
그리고 자기자본 한도 적용과 매출액 적용에 대한 제도의 시행을
통해서 혜택을 받을 수 있다.

[도표] 신용보증기금의 기업별 지원제도

구분	지원제도	대상 기업
혁신형 기업	기술진보기업 혁신제품 생산기업 성장동력산업 영위기업	기술집약산업 영위 기업 / 기술혁신형기업 차세대 성장기업 영위기업(6T) 10대 '차세대성장동력산업' 참여기업 지역특화산업 영위기업
		수출중소기업 지역별 전략적 육성산업 영위기업 유망서비스업 영위기업 부품소재 전문기업 혁신형 창업기업 경영혁신형 중소기업 생산성경영체계(PMS) 인증기업
우대형	우대부문보증	신용보증기금 선정기업 정부 등 선정 우대기업 인증마크 획득, 지식 관련 수상기업

신용보증기금의 보증상품들은 일반운전자금과 창업자금, 구매자금, 수출입자금, 시설자금, 비금융상품이 있다. 이 중에서 비금융상품의 경우에는 이행보증이나 담보어음보증, 전자상거래보증, 협약자금, 사회적 기업이나 1인혁신기업 및 협동조합을 위한 특화보증 프로그램을 운용하고 있으며, 건설공사 브릿지론, 지식재산 보증과 M&A 보증 등 다양한 보증상품들도 함께 운용하고 있다.

특별히 기술금융 관련하여 지식재산 보증의 경우에는 우수한 지식재산 창출기업에 대한 연구개발과 기술거래, 사업화와 활용촉진에 필요한 소요자금들을 지원하는 보증상품으로써 대표적인 지식재산 금융이다.

[도표] 신용보증기금의 지식재산 보증 상품

보증 상품	내 용
개발자금 보증	연구개발비 시험생산시설 건설비 등
이전자금 보증	지식재산 이전비 연구개발비
사업화자금 보증	생산비용, 마케팅 비용 생산시설 건설비 등
프로젝트자금 보증	개발자금 보증 + 사업화 자금 보증
가치평가 보증	생산비용, 마케팅 비용
우대 보증	사업확장, 지식재산 재창출

※ 인건비, 연구기자재비, 재료비, 위탁연구개발비, 시제품 제작비 등

신용보증기금에서 지식재산 보증상품은 R&D의 단계에 맞춘 상품으로 구성되어 있는데, 각각의 보증상품은 보증한도에서 차이를 보이고 있다. 예로 들면 개발자금이나 이전자금의 경우에는 최대 5

억원 이내에서 지급되며, 지식재산 총 보증한도는 최대 15억원 이내에서 제공되고 있다.

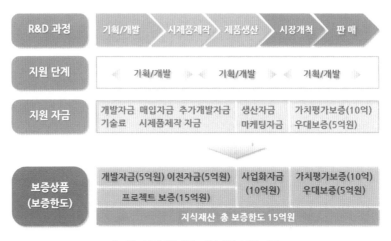

[그림] 신용보증기금 지식재산 보증 개요

또한 신용보증기금에서 제공하는 지식재산 보증 대상과 과제의 경우에는 총 다섯 개의 지원 과제들이 있으며 창출단계 소요자금 지원, 거래단계 소요자금 지원, 사업화단계 소요자금 지원, 개발부터 사업화단계까지 전과정 소요자금 지원, 활용촉진단계로 구성되어 있다. 해당 과제를 희망하는 중소기업들은 현재의 내외부적인 기업상황들을 고려하여 가장 적합한 과제를 선정하여 지원하면 된다.

구분	상품	대상 및 과제
창출단계 소요자금 지원	개발자금 보증	• 자체 R&D 단계 • 정보 R&D과제
거래단계 소요자금 지원	이전자금 보증	• 특허, 실용신안권, 디자인권 등 이전과제
사업화단계 소요자금 지원	사업화자금 보증	• 자체 R&D 성공과제 • 정부 R&D 성공과제 • 산업재산권 등 사업화 과제
개발부터 사업화단계까 지 전과정 소요자금 지원	프로젝트 자금 보증	• 개발자금 보증 대상과제 + 사업화자금 보 증 대상과제 (R&D과제 개발 성공 시 지원)
활용촉진단계 자금 지원	가치평가 보증 우대보증	• 가치평가보증: 기술평가 기관으로부터 가치 평가를 받은 IP • 우대보증: 기술력평가 점수 70점 또는 SMART3 B등급 이상

※ 산업재산권(특허권, 실용신안권, 디자인권, 상표권), 저작권, 신지식재산권(컴퓨터 프로
그램 및 소프트웨어, 반도체 회로배치 설계 등). 정부 및 정부 공인기관으로부터 인증받은
기술(NET, 전력신기술 등), 기술평가기관(발명진흥회, 중진공 등)으로부터 기술평가인증을
받은 기술, 대학, 공공연구기관, 기술거래기관으로부터 이전받은 기술

02. 기술보증기금 이해하기

기술보증기금은 기술신용보증기금법에 의해 설립된 정부출연기
관이며, 기술혁신형 기업을 대상으로 기술보증 및 기술평가를 중점
지원함으로써 기업의 기술경쟁력을 제고하기 위한 기술금융 전문지
원기관이다. 1989년 설립되어 2014년 말까지 약 260조원 이상의
기술보증을 공급하였으며 기술신용평가기관으로 기술보증을 지원
하였다. 또한 기술이전과 기술창업지원 그리고 벤처와 '이노비즈
인증' 사업 등을 수행하고 있다.

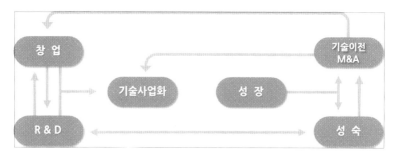

[그림] 기술혁신의 단계와 중소기업의 성장과정

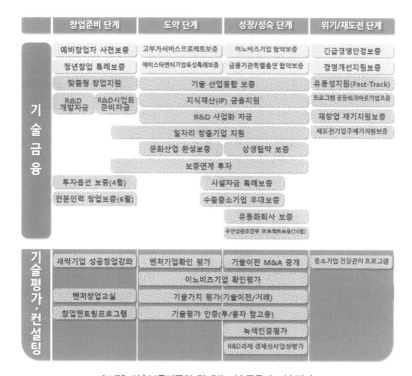

[그림] 기술보증기금의 단계별 기술금융과 기술평가

기술보증기금에서 기술금융은 창업, R&D, 사업화 등의 기술혁신 과정에서 필요한 자금을 기술평가를 통하여 공급하는 것으로 정의하고 있다. 그렇기에 기술혁신 단계와 중소기업의 성장과정에 맞추어 단계별로 기술금융상품을 제공하고 있다.

기술보증기금에서는 창업준비, 도약, 성장과 성숙, 위기와 재도전의 총5개 단계별로 기술금융과 기술평가를 실시하고 있다. 특히 기술-산업융합 보증, 지식재산(Intellectual Property, IP) 금융지원, R&D 사업화 자금, 일자리 창출기업 지원 등의 전문적인 기술금융을 지원하고 있는 상황이다.

기술보증기금의 업무절차는 일반적으로 기술금융지원을 희망하는 기업체가 보증신청을 진행하게 되면, 각 지역 내 영업점을 통하여 상담을 진행하게 된다. 이후에는 기술사업계획서 등을 제출함으로써 신청기업에 대한 조사자료 수집과 신청접수를 진행한다. 그리고 신청기업으로부터 수집한 자료를 토대로 영업점에서 기술평가와 조사를 진행하게 되고, 최종적으로 심사를 통한 승인이 완료된다.

단계별	취급자	주요 내용
보증 신청	신청기업	온라인 또는 기보영업점에서도 신청
상 담	영업점 평가담당자	고객과 상담을 통하여 기술사업내용, 보증금지 제한여부 등을 검토후 계속여부 결정 및 서류 안내 ■ 기술력 사전점검 체크리스트로 주요내용 파악
접수/자료 수집	영업점 평가담당자	기술사업계획서 등 제출 ■ 기타 필요서류는 고객협조로 기금직원이 직접 수집 ■ 신속처리를 위해 상담일로부터 보증처리과정 모니터링 실시
기술평가/조사	영업점 평가담당자	신청기업 수집자료 등을 예비검토후 현장평가 실시 ■ 개발능력, 제품화 능력, 생산 능력, 경영상태, 자금상태 등
심사/승인	영업점 심사 및 평가담당자	기술력, 사업전망, 경영능력, 신용 등 종합적 검토후 승인
보증서 발급	영업점 평가담당자	보증약정후 전자보증서를 채권기관에 전자발송

[그림] 기술보증기금의 기술보증 업무절차

특히 기술형 중소기업에서는 기술보증기금의 보증서를 발급 받음으로써 융자를 받을 수 있으며, 기술보증에 대한 대출과 함께 벤처기업임을 확인받고자 한다. 이는 경영자의 전문성과 기술력 등이 벤처기업임을 확인받는데 중요한 부분이기도 하지만, 기술사업계획서를 철저히 준비해야하고 기술에 대한 사업타당성을 검증받는 것이 무엇보다 중요하다.

기술보증기금에서 기술평가 보증시 검토되는 항목들은 크게 경영자 역량, 기술성, 시장성, 사업성으로 구성되어 있다. 또한 기술수준이나 관리능력 등의 기술경영능력 이외에도 기술의 시장성이나 생산성까지 다방면으로 평가를 진행하게 된다.

[도표] 기술평가보증 주요 검토항목

대항목	중항목	소항목(평가기준)
경영주 역량	기술경영능력	기술수준
		관리능력
		경영진 인적구성 및 티웍
기술성	연구개발 능력	기술개발 추진 능력
		기술개발 현황
	기술(제품)의 우수성	기술혁신성
		기술완성도 및 확장성
시장성	기술(제품)의 시장성	시장현황
		경쟁요인
		경쟁력
사업성	기술(제품)의 생산성	제품화 역량
	수익성	수익 전망

　　기술보증기금은 보증지원에 의한 융자만을 지원하는 것이 아니라, 보증연계 투자 업무도 수행하고 있다. 이는 기술성이나 사업성이 우수한 '기술혁신 선도형 중소기업'들에게 보증과 연계하여 기금을 직접 투자하는 방식이다. 이러한 업무는 기술혁신 선도형 중소기업의 직접금융 활성화를 도모하려는 의도를 포함하고 있다.

　　투자업무는 각 지역의 영업점 투자팀을 통해서 상담접수를 진행하고, 기업체에 대한 신용조사와 기술평가를 진행하게 된다. 이후에 투자심사과정에서 조건협상이 이루어지고, 투자심사위원회를 통해서 심사가 완료된다. 심사 이후에는 기업과의 계약을 체결하게 되고, 투자가 진행된다. 이후에 기술보증기금에서는 이러한 투자기업체들의 동향을 관리하면서 IPO를 지원하게 된다.

상담 접수	신용조사 기술평가	투자심사 조건협상	투자심사 위원회	투자실행 (계약체결)	동향관리 IPO 지원
영업점 투자점	영업점 투자점	투자팀	투자팀	투자팀	투자팀

[그림] 기술보증기금의 투자업무 취급절차

보증연계투자의 대상기업들은 기본적으로 설립 후 5년 이내의 '기술혁신 선도형 기업'들이다. 기술보증기금과 보증 거래중이거나 보증과 투자를 동시에 신청하는 기업들이며, 벤처기업이나 기술혁신형 중소기업이면 가능하다. 그러나 최고 기준으로 기술사업평가 등급이 "BB 등급" 이상이어야 한다. 한편, 신성장동력산업, 녹색성장산업, R&D기업과 같은 정책적 지원의 필요성이 인정되는 기업의 경우에는 업력에 제한이 없다.

03. 기업금융 이해하기

① 금융기관

금융(financing)이라 함은 '자금(fund)을 융통'하는 것이다. 그런데 자금을 융통하려면 평소 나를 신뢰하던 사이거나, 아니면 만일을 대비해 배상 가능한 담보를 보여주고 안심시킬 수 있어야 할 것이며, 그 동안은 적절한 이자(interest)로 보상도 해줘야 할 것이다.

자금의 융통에 대한 역사적 기록은 이미 기원전 17세기경 함무라

비 법전에 재산의 기탁과 기탁재산의 운용하던 기록이 있고, 중세에
는 다양한 종류의 화폐들을 환전을 해주는 뱅크(bank)가 있었으며,
화폐지급, 확실한 결재, 화폐유통 등을 전담하는 대체은행도 있었다.
근대 영국에서는 귀금속 보관과 보관영수증으로 이자소득을 얻는
골드스미스(goldsmith)라는 금장이 오늘날 은행의 효시가 되었다.

현대의 금융기관은 제1금융권, 제2금융권, 제3금융권으로 구분할
수 있다. 제1금융권은 예금적금의 고유업무와 고객자산을 위탁받아
운용하는 신탁업무의 예금은행을 의미하며, 일반은행, 특수은행, 인
터넷은행 등으로 구분할 수 있다. 제2금융권은 은행법의 적용을 받
지만 중앙은행의 금융정책 규제대상은 아니며, 상호저축은행, 새마
을금고, 신용카드회사, 벤처캐피탈 등 제1금융권을 제외한 모든 제
도권 금융기관을 의미한다.

제1금융권의 구체적인 역할로 일반은행은 기업이나 개인에게 예
금, 신탁, 채권 등을 기준금리보다 높다 해도 여전히 저금리로 관리
해준다. 그리고 특수은행은 채산성이 낮아 자금조달이 곤란하지만
국가 전략적으로 중요하거나 기술성과 사업성이 우수한 산업에 정
책자금을 지원하는 한국산업은행, 한국수출입은행, 기업은행 등이
대표적인 기관이다.

제2금융권의 구체적인 역할로 제1금융권의 일반은행과 유사한
예금을 취급하는 상호저축은행, 새마을금고, 우체국 등이 있고, 생
명보험과 손해보험을 취급하는 보험회사가 있다. 또한 증권거래소

처럼 시장과 투자자 사이에 주식 매매를 담당하는 증권회사, 그리고 기타 금융중개업무를 수행하는 여신전문 금융회사 등이 있다.

한편 제3금융권이라 함은 공식적 용어가 아닌 편의상 구분이며, 제1금융권 및 제2금융권 같은 제도권이 아닌 대부업이나 사채업 등의 사금융을 말한다. 그래서 제3금융권의 특징이라면 예금이나 보험은 없고 오직 대출업무만 수행한다.

[도표] 금융기관의 종류

대분류	중분류	소분류	
제1금융권	일반은행	시중은행 (국민,신한,우리,하나)	
		지방은행 (대구,부산,경남,광주,전북,제주)	
		외국은행 (SC제일,CT,기타4개부산지점)	
	특수은행	한국산업은행	
		한국수출입은행	
		중소기업은행	
		농업협동조합	
		수산업협동조합	
		축산업협동조합	
	인터넷은행	케이뱅크, 카카오뱅크	
	은행신탁계정		
제2금융권	비은행 예금 취급 기관	신용협동기구	신용협동조합
			새마을금고
			상호금융
		상호저축은행	
		우체국예금	
		종합금융회사	
		투자신탁회사	투자신탁회사
			투자신탁운용회사
	보험	생명보험회사	

회사	손해보험회사	손해보험회사
		재보험회사
		보증보험회사
	우체국보험	
증권사	증권회사	
기타 금융 기관	증권금융회사	
	증권투자회사	
	투자자문회사	
	선물회사	
	자금중개회사	
	여신전문금융회사	리스회사
		신용카드회사
		할부금융회사
		신기술사업금융회사
	유동화전문기관	유동화전문회사
		주택저당채권유동화회사

그런데 대표이사 모르게 가족중 누가 제3금융권의 대부거래를 위한 신용조회를 하거나, 또는 대표이사 명의의 가족신용카드로 가족들이 현금써비스를 받으면 그 즉시 개인신용도가 급격히 떨어지면서 기업운영으로 대출중인 수십억원 시설자금의 대출금리가 오르거나, 심지어 경영난 타개에 절체절명한 거액대출이 거절될 수 있다. 따라서 경영자는 평소 가족들에게도 신용관리에 대한 안내교육을 반드시 해두는 것이 필요하다.

만일 기업을 경영하는 중 다급한 상황에 대표이사 개인자격으로 제1금융권 대출이 거절되면 가급적 상호저축은행, 새마을 금고 등의 제2금융권을 이용하되, 제3금융권의 사금융은 앞에서 언급했듯이 대표이사 개인 자격이더라도 기업의 신용평가에 치명적일 것이므로 최대한 삼가해야 한다.

제3금융권 대출도 무조건 되는 것은 아니라 4대보험의 급여생활
자로서 직장인 신용 또는 자동차 등의 담보 여력이 있어야 가능하
다. 그나마도 대출금액이 고작 수백만원 내지 수천만원이므로 기업
운영의 현실적 타개에는 거의 도움이 되지 않을 것이다.

제3금융의 법정금리는 『대부업법』에 근거한 최고 27.90%로 제도
권의 『이자제한법』에 근거한 최고 25%보다 조금 높은 정도로 보일
수 있다. 그러나 제도권은 대체로 중앙은행의 기준금리보다 조금 높
은 저금리 대출이겠지만, 제3금융은 이미 대출이 불가할 정도로 개
인신용도가 하락된 상황이므로 최고이율에 가깝게 진행될 것이다.

따라서 제3금융권을 자발적으로 찾을 때는 이미 제1금융과 제2
금융의 제도권 대출이 제한되어 있음을 인지하고 있을 것이다. 결
국 급전이 필요하면 대출금액이 작아도 또는 이자를 두세 배 더 주
더라도 제발 빌리고 싶은 심경이 가끔 겪을 수 있는 유혹일 것이
다. 그래도 기업을 책임지는 경영자는 평소 네트워크를 통한 지인
들의 도움으로 난관을 타개할지언정 사금융의 접근은 삼가야 한다.

최근 사회적 관심 속에 2016년 1월에 법인을 설립하고 2017년 4
월에 영업을 시작한 케이뱅크가 국내최초의 인터넷뱅크로 탄생하였
다. 그리고 같은 시기 법인을 설립하고 2017년 7월에 영업을 개시
한 카카오톡의 카카오뱅크(한국카카오은행, Kakao Bank of Korea)

가 국내 제2호 인터넷은행이다.

먼저 시작한 케이뱅크의 주요 주주는 우리은행 (10.0%), NH투자증권 (10.0%), GS리테일 (10.0%), 다날 (10.0%), 한화생명보험 (10.0%), KT (8.0%), KG이니시스 (8.0%)로 기존 금융권의 참여가 많다. 카카오뱅크도 한국투자금융지주 (58%), 카카오 (10%), 국민은행(10%), SGI서울보증, 우정사업본부 등 기존 금융권이 주요 주주로 참여하고 있다.

[도표] 인터넷뱅크 현황

구분	K Bank	Kakao Bank
법인 설립일	2016.01.07	2016.01.22
영업 개시일	2017.04.03	2017.07.27
자본금	0.38 조원	1.3 조원
총자산	1.98 조원	10.74 조원
총여신	1.18 조원	7.79 조원
연체율	0.13%	0.64%
당기순이익	-580 억원	-159 억원
BIS기준 비율	11.32%	15.67%
홈페이지	www.kbanknow.com	www.kakaobank.com
주소	서울 종로구 중학동	경기 성남시 분당 삼평동
주주	우리은행 (10.0%) NH투자증권 (10.0%) GS리테일 (10.0%) 다날 (10.0%) 한화생명보험 (10.0%) KT (8.0%) KG이니시스 (8.0%) DGB캐피탈 (3.6%) 모바일리더 (3.2%) 인포바인 (2.0%) 민앤지 (2.0%) 한국정보통신(1.5%)	한국투자금융지주 (58%) 카카오 (10%) 국민은행(10%) SGI서울보증 우정사업본부 넷마블 이베이 예스24 텐센트

	포스코ICT (1.0%) 기타 (20.7%)	
영업점	1개	1개
종업원	255명	550명
신용카드	준비중	준비중
체크카드	VISA 카드 2종 비씨카드 기반 2종 (기존 2종 신규발급 중단)	Master 카드 기반 5종 (KB국민카드 매입)
후불교통카드	네이버페이형 1종	5종 모두 적용 가능
ATM	우리은행, GS25	국민은행,우체국,롯데,CU
OTP	카드형, 토큰형	카드형

※ 출처: 케이뱅크(2018.09) 및 카카오뱅크(2018.09)의 경영공시정보

인터넷은행 양사의 경영공시정보를 분석해보면 먼저 시작한 케이뱅크가 2018년 3/4분기까지 자본금, 여신규모, 당기순이익 등이 늦게 시작한 카카오뱅크에 상대적으로 낮고, 특히 BIS 기준 자기자본비율은 11.32%로 시중은행 중에서 최저 수준이다. 반면에 조금 늦게 출발한 카카오뱅크는 자본금 1.3조원, 총자산 10.74조원, 매출 7.7조원으로 케이뱅크보다 압도적 차이를 보인다.

그러한 경영실적의 차이는 카카오뱅크의 자구적 노력과 지분율 58%의 한국투자금융지주 역할도 분명 있었겠지만, 특히 기존의 범국민적 SNS(Social Network Service)인 카카오톡의 인지도를 활용한 마케팅 전략도 분명 주효했을 것이다.

경영방식을 비교해보면 양사 모두 현금 입출금 기능의 체크카드를 운영 중이고, 후불교통카드 기능도 부여하고 있으며, 신용카드는 2019년을 목표로 준비 중이다. 보안을 위한 OTP(One Time Password)는 기본적으로 카드형을 제공하나, 케이뱅크는 토큰형도

같이 제공하고 있다.

또한 오프라인 시중은행의 ATM(Automated Teller Machine) 활용성 측면에서 케이뱅크는 주주사 GS리테일의 GS25 편의점과 우리은행의 ATM을 이용하면 입출금 수수료가 면제되나, 카카오뱅크는 국민은행, 우체국 등 4개 기관 ATM만 이용 가능하다. 결론적으로 양사는 비슷한 시기에 경쟁적 상황이라 대부분의 서비스가 비슷한 수준이다.

② 금융 이자

인류사에서 곡식이나 화폐를 빌릴 때 그 반대급부인 이자의 관습은 수메르 문명이나 함무라비 법전(기원전 18세기)에서도 기록을 확인할 수 있다. 그 후 일부 종교에서는 엄격히 금지하기도 했고, 사회적으로 기피하거나 죄악시하던 고리대금업을 유태인들이 생계수단으로 활용하면서 천시를 받기도 했지만, 상업이 발달할수록 이자에 대한 관습은 자연스러운 문화의 하나가 되었다.

지중해 연안 이탈리아의 상업도시 중심으로 대부업이 발달하고 14세기 르네상스 시기에는 페루치아가 예금을 받고 대출을 해주는 업무를 시작하면서 현대적 개념의 은행이 시작되었다. 당시의 방식은 어음을 통한 이자는 없어도 대출을 통한 이자의 개념은 유사하였으며, 그 후 17세기경 금융업이 더 성숙하면서 이자에 대한 개념이 완전히 정착하기 시작했다.

우리나라에서는 고구려 때 시행된 환곡제도가 조선시대 명종 (1545~1567)에 이르러 '일분모회록(一分耗會錄)'이라 하여 환곡

(還穀)을 회수할 때 모곡(耗穀)과 이자 일분(10%)을 함께 받았다고 한다. 이러한 현상들은 점차 발달하여 고리대(高利貸)로 변해갔고, 국가의 전세수입이 감소되면서 환곡은 국가재정의 중요한 비중을 차지하게 되었다고 한다.

이자는 경제학적 측면에서 자본용역의 제공에 대한 보수를 의미하는데, 구체적으로는 대부자금이나 화폐에 대한 수요와 공급으로 결정될 수 있을 것이다. 그래서 현실적으로는 계약 당사자 간의 합의에 의해서 결정된다고 하더라도 실제 우리가 제도권에서 접하는 이자율들은 모두 법률로 명시된 법정금리이다.

법률마다 거래상황을 고려하여 최고이율을 서로 다르게 제한하고 있는데, 민법에서는 당사자의 약정이 없다면 '연 5분'(5%)으로 규정하고 있고, 상법에서는 상행위로 인한 채무의 법정이율은 '연 6분'(6%)으로 규정하고 있다.

[도표] 각종 법정이율 현황

법률	조항	조건	법정이율
민법	제379조 (법정이율)	약정 없을 때	5%
상법	제54조 (상사법정이율)	상사 거래	6%
이자제한법	제2조 (이자의 최고한도)	과거	35%
		현재	25%
대부업법[1]	제8조 (대부업자의 이자율 제한)	현재	27.90%

※ 출처: 법제처 국가법령정보센터 (2019.01)
※ 민법(2018.02.01), 상법(2018.12.19.), 이자제한법(2007.03.29 제정, 2018.07.01 개정), 대부업법(2002.10.27 제정, 2018.12.24 개정)
※ [1]정식명칭은 '대부업 등의 등록 및 금융이용자 보호에 관한 법률'

반면에 과거에는 초고금리의 지하금융들이 난립하면서 온갖 사회적 문제가 너무도 심각했었는데, 차라리 살인적 고리의 음성적 지하금융을 법적 최고 35%의 이율을 보장하며 양지로 유도해냈고, 지금은 2002년 신설된 대부업법을 지속적으로 개정하면서 법정금리를 27.9%로 제한하고 있다.

미국은 1913년 연방준비법(federal reserve act)에 의해 중앙은행으로 연방준비제도(federal reserve system)를 설립했는데, 미국 대통령이 임명하고 상원이 승인한 7명의 연방준비제도이사회(Federal Reserve Board, FRB)에 의해 철저한 독립성을 보장받으며 운영된다. 다만 국가의 중앙은행인 연방준비제도가 국영이 아니라 민간은행이란 점은 아직도 계속 논란이 되고 있다.

연방준비제도의 주목적은 예금자들이 과도하게 예금을 인출하여 은행에 예치금이 부족할 때 '탄력적 통화'로 뱅크런(bank run)의 발생을 최소화시키는 것이다. 또한 내부적으로 기준금리를 정하여 미국 정부가 통화량 조절을 위해 중앙은행인 연방준비제도에서 달러를 빌려갈 때 그 금리로 돈을 빌려 준다. 그 기준금리가 바로 국내 뉴스채널에서도 자주 접할 수 있는 국제기준금리중 하나이다.

국제기준금리(국제금리, international financing rate)는 국제금융시장에서 자금의 대차거래에 적용되는 기준금리에 상대국의 신용위험과 관련된 가산금리(spread)로 결정된다. 대표적인 국제금리로 런던의 일류은행간 결정한 단기적 대출금리 LIBOR(London Inter-Bank

Offered Rate), 싱가포르 은행간 SIBOR(Singapore Inter-Bank Offered Rate), 바레인 은행간 BIBOR(Bahrain Inter-Bank Offered Rate), 미국의 우대금리(prime rate) 등이 있다.

그런데 2008년 시작된 금융위기를 전후로 대형은행들도 경영난이 가중되면서 자금조달을 위한 차입금리도 부담이 되어 트레이더와 브로커의 담합으로 낮은 차입금리로 보고하여 LIBOR 금리를 조작하였다. 이 사건은 영국의 Barclays(1694), RBS(Royal Bank of Scotland)(1727), 미국의 JP모건체이스앤컴퍼니(J.P. Morgan Chase & Co.)(1799), 스위스 UBS(Union Bank of Switzerland)(1854), 독일 도이체방크(Deutsche Bank)(1870) 등의 담합이었다. 즉 세계최고 전통과 초대형의 각국 은행들이 담합한 사건이어서 그 충격도 엄청났으며, 결국 가담했던 은행들은 수천억원 내지 심지어 수조원의 벌금을 부과 받았다.

사실 LIBOR는 가장 역사적인 런던의 금융시장을 의미하지만, 이미 세계 금융시장은 뉴욕 월가(Wall Street)로 이동하면서 실제 LIBOR 금리는 뉴욕의 LIBOR 금리이다. 그래서 LIBOR 대안으로 미국 국채담보 Repo 금리의 실거래 데이터에 근거하는 뉴욕의 SOFR(Secured Overnight Financing Rate) 등이 제시되고 있으나, 이미 LIBOR란 용어는 금융가에서는 보통명사처럼 자리 잡고 있어 쉽지 않는 것으로 보인다.

금리의 종류에 대하여 살펴보면 국제금리는 뉴욕이나 런던 등의 국제금융 중심지의 금리를 말하나, 국내금리는 중앙은행에서 결정하는 기준금리를 말한다. 즉 국내의 기준금리는 중앙은행인 한국은행이 경제활동 상황들을 종합적으로 판단하여 정책적으로 결정하는 정책금리이다. 공정금리는 한국은행이 일반은행에 돈을 빌려줄 때 적용되는 금리이나, 대출금리는 일반은행이 기업이나 가계에 빌려줄 때 적용하는 금리이다.

또한 명목금리는 인플레이션을 반영하지 않은 예금이나 증권 등의 액면금액을 기준한 금리이나, 실질금리는 명목금리에서 예상 인플레이션율에 해당하는 물가상승률을 배제한 금리이다. 시중금리는 시중은행의 표준금리이나, 시장금리는 비교적 신용도가 높고 거래금액이 큰 금융거래들을 기준으로 결정되는 금리이다. 또한 대출기간 중 물가상승에 무관하게 금리가 일정하면 고정금리, 유동적이면 변동금리이다.

그러면 기업활동과 관련되는 금융이자는 결국 시중은행들의 시중금리이며, 고정금리보다 변동금리가 적용될 것이다. 즉 중앙은행인 한국은행은 미국 뉴욕 중심의 국제금리와 국내 경제상황 등을 참고하여 기준금리를 결정하고, 기준금리에 따라 시중은행에 자금을 빌려줄 것이다. 그러면 시중은행은 대출을 요청하는 기업과 대표이사에 대한 신용도, 즉 대출에 대한 위험률을 평가하고 추가적으로 이윤을 가산한 다음, 고정금리 또는 변동금리로 대출해줄 것이다.

③ 신용도 관리

기업이 금융권에서 대출을 받으려면 대출 가능성, 대출 규모, 이자율 등의 대출조건은 결국 기업신용도와 관련된다. 즉 기업의 신용도라 함은 회사의 부채율, 매출액, 수출규모, 업력, 업종, 국세 및 지방세 연체정보 등이 전부 관련될 것이다. 그 외에도 대출액의 규모와 대출기간도 영향이 있을 것이나 신용도가 최우선이 된다.

기업의 신용도는 시중은행뿐 아니라 신보, 기보 등의 보증기관도 독자적인 평가방법으로 관리하고 있지만, 기업의 재무구조와 현장 실태 등을 고려하여 전문적으로 평가하는 기업신용평가기관들이 있다. 그래서 지금은 제도권 금융기관들이 기업에 대출할 때 내부적 평가시스템이 있더라도 기업신용평가기관의 정보를 많이 활용하고 있다. 어쨌든 신용도 평가방법은 시비소지가 있어 공개적인 권장기준은 있다 해도 상세 알고리즘은 비공개이며, 기업이 대출을 신청하면 신용도 평가와 연관된 이자율을 일방적으로 전달받을 뿐이다.

기업의 신용을 평가를 하는 기관은 도표와 같은데, 엄밀히 말하면 기업신용평가는 기업평가와 신용평가의 모호한 측면이 있기는 하다. 대표적인 기관으로 1983년 한국기업평가㈜가 국내 최초로 출범하였고, 1985년 설립된 한국신용평가는 2016년 미국 Moody's 계열사로 편입되었다. 또한 1986년 나이스신용평가㈜, 1991년 고려신용정보㈜, 1992년 서울신용평가정보㈜, 2005년 한국기업데이터㈜ 등 현재 10여개의 기업신용 평가기관이 운영 중이다.

[도표] 기업의 신용평가기관 현황

기관명	홈페이지	주소	설립일	코스닥상장
한국기업평가㈜	korearatings.com	서울 여의도	1983	2002
한국신용평가	kisrating.com	서울 여의도	1985	Moody 's
나이스신용평가㈜	nicerating.com	서울 여의도	1986	2011
고려신용정보㈜	koryoinfo.co.kr	서울 서초	1991	2002
서울신용평가정보㈜	sci.co.kr	서울 마포	1992	1999
㈜나이스디앤비	nicednb.com	서울 마포	2002	2011
㈜이크레더블	srms.co.kr	서울 구로	2004	2008
한국기업데이터㈜	kedkorea.com	서울 여의도	2005	-
나이스평가정보㈜	niceinfo.com	서울 여의도	2010	-
신용보증기금	kodit.co.kr	대구 동구	1976	기업 지원
기술보증기금	kibo.or.kr:444	부산 남구	1989	기업 지원
신용보증재단	koreg.or.kr	대전 서구	1996	소상공인
한국신용정보원	kcredit.or.kr	서울 중구	2016	공공 목적

※ ㈜나이스평가정보와 ㈜나이스디앤비는 나이스그룹의 계열사임.
※ 한국신용평가는 2016년 지분 100% 자회사로 편입

　　기업의 신용평가를 전문으로 1986년 전국종합신용평가㈜로 출발하여 엄청나게 사세를 확장한 ㈜나이스홀딩스(nice.co.kr)는 서울의 여의도, 마포구, 상일동에 소재한 4개 사옥에 26개 계열사를 두고 있다. 2017년도 직원수 6,000여 명, 매출액 1.9조원, 영업이익 1,631억원의 실적을 기록하고 있다. 대표적 계열사로 1991년 설립된 나이스신용평가㈜는 기업, 금융권, SF(Structured Finance), 정부 등의 신용등급에 대한 평정업무를 하고 있고, 2010년 설립된 나이스평가정보㈜는 기업정보를 제공하고 있다. 또한 국내최다 금융인프라 기업 ㈜나이스홀딩스 그룹은 미국 최고 180년 전통의 D&B Co., 일본 최대 TSR(Tokyo Shoko Research)의 합작으로 2002년 ㈜나이스디앤비를 설립하였는데, 국내를 비롯하여 해외 2.2억개 기업의 정보를 제공하고 있다.

[도표] 기업신용평가기관 ㈜나이스홀딩스의 계열사 현황

구분	계열사	업부
신용정보 (4)	NICE평가정보㈜ (2010) NICE신용평가㈜ (1986) NICE신용정보 NICE D&B (2011) 나이스P&I 나이스F&I 나이스지니데이타	기업 및 개인 신용평가 기업, 금융, SF, 정부 신용평가 종합자산관리 국내외 기업신용정보 제공 국내외 채권, 비상장주식 가치평가 기업의 투자 도우미 마케팅과 사업전략 빅데이터 제공
금융서비스 (11)	한국전자금융 나이스정보통신 KIS정보통신 나이스IP파트너스 나이스R&C 나이스DATA 나이스CMS 나이스페이먼츠 무노스	ATM 현금네트워크 신용카드 종합결제서비스 결재 및 정산 서비스 지식재산권 발굴, 육성, 기술이전 객관적 기준 과학적 데이터 조사 비즈니스 차원의 데이터 보안운송 오프라인/모바일 전자결제서비스 Card VAN, 골프장 솔루션
제조 (7)	서울전자통신 지니틱스 아이티엠반도체 오케이포스 LMS BBS 닥터스텍	전원공급장치, 전자부품 제조 2차 전지 핵심부품 제조 Touch Solution 전문기업 POS, 신용카드결제기 제조 친환경 알미늄 압출 모터스포츠용 차량과 휠 제조 피부미용기기 제조
신사업군 (3)	버드뷰 리페이퍼 코니밤비니	화장품 앱 친환경 식품포장지 제조 유아동 브랜드, B2B/ODM가방 수출

※ 출처: ㈜나이스홀딩스 홈페이지 (2019.01)

이러한 기관들에서 생산된 기업과 개인들의 신용정보를 조회하는 기관은 현재 약 5,000여 곳이라 한다. 주로 시중은행 등의 제1금융권과 저축은행, 캐피탈, 신용카드사, 보험회사, 투자회사 등을 포함하는 제2금융권일 것이다. 그 외에도 렌터카회사, 이동통신사, 인터넷회사, 케이블방송사, 대사관 이민심사도 있고, 심지어 결혼정보회사, 백화점 고객관리, 의약품 납품 약국의 약사의 재무상태를 확인하려고 신용정보를 조회한다고 한다.

　기업이 자금을 조달하려는 경우에는 기업의 거래실적, 매출액 규모, 성장성 등에 근거한 기업 신용도뿐만 아니라 대표이사의 개인 신용도도 아주 중요하다. 그중에서 대표이사와 관련된 개인의 신용 정보는 상환이력이 가장 중요하고, 그 다음 신용거래 내역, 현재의 부채수준, 신용거래 기간의 순으로 평가되는 것으로 알려져 있는데, 자세한 평가요소와 기준은 도표를 참고할 수 있다.

[도표] 개인의 신용평가 기준

평가 항목	평가 기준	활용 비중(%)	
		나이스	고려신용
상환이력 정보	채무 적시상환 여부 및 연체 정보	40.3	27.0
신용형태 정보	신용거래 상품, 건수, 활용도	34	25.8
현재 부채수준	대출, 신용카드 이용 등 채무 수준	25	23.0
신용거래 기간	최초 개설일	14	10.9

※ 출처: 고려신용정보㈜, 나이스평가정보㈜

　개인의 신용평가 기준에 따른 신용도 등급은 총 10등급으로 구분한다. 즉 10등급 체계에서 대표이사의 신용도가 7등급으로 떨어지면 대부분의 제도권 대출이나 신용관련 업무들이 거절될 수 있다. 특히 경영을 위한 수십 억원 거액의 시설자금 등을 대출하려면 3~4등급 또는 최소 5등급은 유지해야 될 것이다.

[도표] 개인의 신용등급 평가기준

신용등급	신용구분	신용거래 실적	부실가능성
1~2등급	최우량	오랜 거래 경력과 다양하고 우량한 신용거래 실적	매우 낮음
3~4등급	우량	실적은 적으나 꾸준하고 우량한 거래 지속시 상위등급 진입	낮음
5~6등급	일반	저신용 업체와 거래 있는 고객으로 단기연체 경험 있음	일반
7~8등급	주의	저신용 업체와 거래 많은 고객으로 단기연체 많고 신용도 하락 예상	높음
9~10등급	위험	현재 연체 중이거나 매우 심각한 연체 경험을 보유	매우 높음

대표이사 개인의 신용도와 관련될 수 있는 모든 요인들을 정리해 보면 도표와 같다. 제1금융권의 대출, 마이너스 통장, 신용카드를 통한 현금써비스 또는 카드론, 제2금융권의 부채, 자동차 할부 또는캐피탈 회사가 관여하는 렌탈이나 리스 등 채무상황이 가장 우선적일 것이다. 당연하겠지만 과거 신용불량이나 개인파산 등의 기록도 참조될 것이다. 또한 대표이사 개인 명의로 발행되는 국세 및 지방세, 4대보험, 신용카드, 통신비, 본인명의 아파트의 관리비 등의 연체정보도 개인의사와 무관하게 수일내 신용평가회사로 이관되므로 평소 신중한 관리습관이 필요하다.

[도표] 개인의 신용도에 영향을 줄 수 있는 요인들

기관	유형	내용
제1금융권	거래 기간	동일 은행 계좌 개설일
	거래 실적	신용불량, 파산 등
	예금 현황	예금, 청약저축, 보험 등
	대출 현황	신용대출, 담보대출
	마이너스 통장	신용 마이너스 통장 여부
	신용카드 실적	기간, 거래액, 연체 등
	현금써비스	신용카드 현금써비스 여부
	과거 신용기록	신용불량, 개인파산
제2금융권	대출	저축은행, 기타 금융기관 등
기타	보험	보험 가입여부
	증권	증권 보유여부
	할부/리스	자동차 할부 또는 리스
제세공과금	국세	상속세/증여세, 소득세, 부가세
	지방세	주민세, 자동차세
	4대보험	폐업직장의 체납은 개인승계
생활	직장	4대보험, 갑종근로소득세
	주택	재산세
	자동차	자동차세
	통신비	일반전화, 팩스, 휴대폰
	아파트 가스요금	아파트 가스요금
	아파트 관리비	전기세/시청료 포함 관리비
	벌금	벌금

또한 만일 근무하던 직장이 폐업하면서 4대보험을 완납하지 않았다면 일정 기간 지나면 근로자 개인에게 채무가 승계되므로 퇴사 후 창업시 신용하락에 주의가 필요하다. 또한 교통사고 처리 후에 우편으로 배송된 벌금 고지서를 발견하지 못하여 연체 하더라도 신용도가 하락할 수 있으므로 주의가 필요하다.

어쨌든 단 한 건의 연체도 순식간에 신용도를 바닥으로 떨어트릴 수 있지만, 다시 과거처럼 상위 등급으로 올리려면 수년간 나름의 집중력이 필요하다. 따라서 기술창업을 계획하고 업종이나 상황에 따라 자금대출 또는 투자유치 등이 필수적이라면 수년전부터 신용관리를 철저히 관리하지 않으면 창업후 상당한 시련을 겪을 수 있다. 또한 사업을 실패하여 월급제 대표이사에 지원하더라도 개인신용도가 결격사항이 되어 임용이 불가한 경우가 있으므로 역시 주의가 필요하다.

④ 기업

중소기업의 운영이 어렵다보니 제품 매출이 주업인지 돈 구하러 다니는 것이 주업인지 혼란스러울 때가 있을 것이다. 직원 월급주고 독촉 받던 외상대금 갚고 다시 납품처 잠시 다녀보면 다들 어렵다며 입금은 미루겠다는데 다음 주 또다시 직원월급을 생각하자면 가슴이 답답하고 앞길이 막막할 것이다. 정말 돈 찍어내는 기계라도 개발하고 싶은 심정일 것이다.

기업의 본업은 생산을 통한 매출 극대화로 이익의 창출이다. 그러나 2017년도 국내 기업 중에서 당기순이익 0원 이하, 즉 당기순손실 기업이 전체의 38.04%이고, 당기순이익 0~1,000만원 기업은 전체의 12.29%라고 한다. 이때 1년간 1,000만원은 이익으로 인정하기 싫다면 결국 50.33%의 기업이 심각한 상황이다. 더 심각하다면 절반의 기업들은 계속 이익이 없거나 손실 상태로 운영되고 있다는 사실이다.

[도표] 국내 기업들의 연도별 재무현황

구분	2014 (2013 귀속)	2015 (2014 귀속)	2016 (2015 귀속)	2017 (2016 귀속)
전체 법인수	550,472	591,694	645,061	695,445
당기순이익 0원 이하	202,888	219,857	240,916	264,564
	36.86%	37.16%	37.35%	38.04%
당기순이익 0~천만원	70.507	75,274	80,213	85,468
	12.81%	12.72%	12.43%	12.29%
당기순이익 천만원 이상	277,077	296,563	323,932	345,413
	50.33%	50.12%	50.22%	49.67%

※ 출처: 국세청 국세통계연보

그래서 흔히들 좀비기업(zombie company)이라는 말을 많이 들었을 것이다. 회생할 가능성이 거의 없음에도 '다시 살아난 시체' 같은 '좀비'가 되어 정부나 채권단의 지원으로 파산을 면하고 버티는 기업을 의미한다. 정식적인 용어로는 한계기업(marginal business)이라 하는데, 최근 3년간 연속으로 영업이익이 금융이자도 감당하지 못하는 기업을 말한다.

한국은행이 금융통화위원회 금융안정화회의에 보고한 '금융안정 상황' 자료에 의하면 3년 연속 이자보상비율 100% 미만인 한계기업이 2016년 말에 외부감사 대상 비금융법인(외감기업)의 14.2%로 3,126개라고 분석되어 있다. 또한 한계기업 중에서 23.4%의 504개 기업은 최소 9년 이상 영업이익으로 대출이자도 감당하지 못하는 것으로 확인된다.

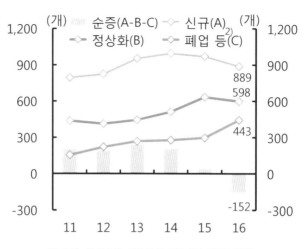

※ 출처: 한국은행 금안회의 보도자료 (2018.03월)

[그림] 한계기업의 증가 추세 (2016년도)

업종별 한계기업에는 아무래도 부동산/건설업이 26.7%의 835개로 상대적으로 많고, 도소매업/음식/숙박업이 14.3%, 기계/전기/전자가 12.3%로 확인된다. 한계기업의 연명에는 국제적으로 미국의 기준금리 1%가 장기간 유지된 것도 상당한 영향을 준 것으로 추정된다.

비록 한계기업일지라도 사회경제학적 차원에서 수만 명의 고용을 유지해주는 것은 상당한 의미가 있다. 그러다보니 세간에 오르내리는 재계서열 몇 번째 기업들에게 정부는 또다시 수조원의 세금을 수혈하더라도 연명시키고 싶고, 그 때문 각종 시민단체들은 국민혈세 낭비라고 충돌할 것이다.

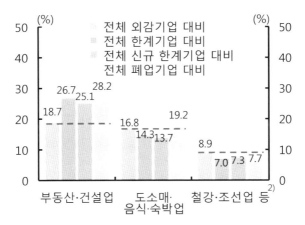

※ 출처: 한국은행 금안회의 보도자료 (2018.03월)
※ 주석: 2) 해운·석유화학 업종 포함

[그림] 신규 한계기업 및 폐업기업의 업종별 비교 (2016년도)

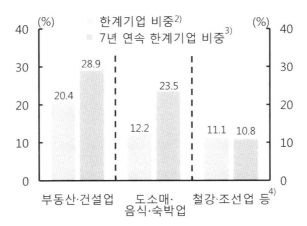

※ 출처: 한국은행 금안회의 보도자료 (2018.03월)
※ 주석: 2) 해당 업종 외감기업 대비
3) 해당 업종 2년 이상 연속 한계기업 대비
4) 해운·석유화학 업종 포함

[그림] 7년 연속 한계기업 현황 (2016년도)

그러한 회사들은 당연히 영업적자로 인한 자본잠식 상태로 재무 구조가 취약하여 금융권 분야의 협력이 필요한 업무는 거의 불가능할 수준일 것이다. 즉 기업이 재정이 불안해지기 시작하면 회사 내부에 빠르게 소문이 퍼지고 어딜 가든 경쟁력 있는 유능한 인재부터 고속으로 이탈하기 때문에 그 여파는 일파만파가 된다.

그럼에도 불구하고 2015년도 633개 기업, 2016년도에 598개 기업이 정상기업으로 전환했는데, 역시 외감기업들이 글로벌 경쟁구도에서도 포기하지 않는 노력들이 대단하다고 봐야겠다. 다만 2016년도 정상화된 전환기업중 2010~2014년도 한계기업으로 들락거린 비율이 62.5%의 374개라는 통계는 정상화 후에도 중력극복에 부단한 노력이 필요하다는 것을 의미한다.

그러한 우리 기업들의 현실을 타개하기 위해서 선택할 수 있을 대안으로는 잦은 금융기관 출입도 업무중 하나가 될 것이라 생각하니 가슴 아프다. 그렇다고 파산시키지 않는 한 당장은 다른 대안이 뭐가 있을까 싶다.

결국 지금 당장은 점점 줄어드는 매출, 원금상환, 여러 이자부담, 지속적인 인건비 상승, 임대료 부담, 점점 쌓여가는 외상의 원재료비와 반가공비 등을 생각하면 막막할 것이다. 그래서 새로운 정책자금을 생각하게 되거나, 정부지원사업으로 개발을 완성해서 새로운 돌파구를 생각할 수도 있을 것이다. 또는 신정부의 새로운 정책에 서류를 좀 보완해서 추가융자를 받는 방법도 생각나고, 아니면 조직과 전략을 재정비해서 사업설명회(IR)도 고민할 수 있을 것이다.

제품개발을 지원하는 정부지원사업은 환급과 이자에 대한 부담은 없지만, 아직 신제품에 대한 개념이 부족하거나 지원사업 경쟁률 자체가 높다는 점은 좀 부담스럽다. 그렇다고 투자유치를 위한 사업설명회를 구상하려니 수익모델, 비즈니스포트폴리오, 플랜B에 고민이 더 필요할 수도 있다.

그나마 지금의 매출액이나 시장점유율로는 전환사채(Convertible Bond, CB)든 신주인수권부 사채(Bond with Warrants, BW) 투자유치도 쉽지 않을 수 있을 것이다. 그렇다면 재무구조가 더 나빠지기 전에 몇 억원이라도 대출을 시도하여 현실타개를 상상해볼 수 있을 것이다. 그러한 자금조달방법들을 간단히 비교해보면 도표와 같다.

[도표] 자금조달 방법들의 비교

| 구분 | 항목 | 대출 | 정책자금 | 개발과제 | 투자유치 |
		시중은행	정부기관 (중진공 등)	정부 부처 (중기부 등)	엔젤 벤처캐피탈
준비	서류	많음	많음	복잡다양	IR자료
	소요기간	수 일	수개월	최소 4개월	3개월~1년
	난이도	신용도	재무구조	기술성	사업성
재무	매출액	중요	중요	무관	중요
	부채비율	< 200%	< 500%	< 1,000%	< 200%
	신용도	아주 중요	중요	무관	중요
기술	개념	무관	참고	중요	아주 중요
	특허	무관	참고	중요	아주 중요
	공인시험	무관	참고	아주 중요	아주 중요

※ 자금조달 방법으로 회사채는 제외
※ 부채비율은 기관과 사업마다 달라 대략적 기준을 제시

힘든 국내 경기에서 대출잔액 현황을 분석해보면 2012년 589조 원에서 2017년 788.9조원으로 33.9% 증가하였다. 그 중에서 대기업의 대출잔액은 8.8% 증가한 반면에 중소기업은 52.4%가 증가하였다. 그리고 자료는 제시하지 않았으나 금융권들이 중소기업에 대한 대출잔액은 상대적으로 연체율이 낮고 수익성이 높은 개인사업자로 지속적으로 이동하는 경향이 관찰된다.

[도표] 국내 기업의 대출잔액 현황 (단위: 조원)

구분	2012	2013	2014	2015	2016	2017
기업대출	589.0	623.8	675.8	724.1	743.4	788.9
대기업	142.2	150.4	168.9	164.4	153.2	154.7
중소기업	446.8	473.4	506.9	559.6	590.2	634.1
가계대출	500.4	523.6	560.9	639.1	708.2	762.7
총대출	1089.4	1147.4	1236.7	1363.2	1451.4	1551.6

※ 출처: 산은조사월보 제746호 p.34~51 (2018.01)
※ 2017년은 2017.1~11월간 통계, 기업발행 채권은 제외

국내 은행 중에서 IBK기업은행은 중소기업 대출잔액이 2018년 9월에 사상 처음으로 150조원 넘었다. IBK기업은행은 1961년 창립하여 인수합병 없이 자력으로 2006년 50조원, 2012년 100조원을 넘었고, 2018년 150조원을 돌파하였다.

한편 국민은행의 대출잔액은 2017년은 105.2조원이었고, 2018년 7월에 111.9조원을 기록했는데, 2014년 이후 부동산 호황으로 대부분 은행들이 가계대출을 확대하였으나, 국민은행은 부동산 담보 등의 가계부채 비중을 낮추는 반면에 기업대출은 2014년 43.2%에서 2018년 7월 45.4%로 타 은행보다 점차 증가시키고 있는 편이다.

구분	① 성장성		② 수익성		③ 안전성	
	매출액 증가율	총자산 증가율	매출액영 업 이익률	매출액세전 순이익률	부채 비율	차입금의 존도
전 산업	4.8	1.2	7.7	7.7	82.7	22.1
제조업	4.3	1.7	9.5	9.8	65.2	19.7
식음료·담배	4.7	1.0	7.3	12.3	74.0	24.7
섬유·의복	3.2	3.8	6.4	9.0	70.2	23.0
목재·종이	5.3	1.7	6.8	5.5	106.6	34.9
석유·화학	15.1	2.6	8.0	6.8	75.0	22.0
비금속광물	-6.6	1.6	9.0	8.8	73.8	22.2
금속제품	4.3	0.2	5.9	5.3	64.0	25.1
기계·전기전자	0.7	1.8	16.1	16.5	54.1	15.3
운송장비	-1.7	1.0	2.9	4.2	72.2	18.3
가구 및 기타	11.5	1.6	6.6	6.8	72.1	20.0
비제조업	5.5	0.5	5.0	4.5	114.8	25.6
전기가스	9.8	-1.1	-1.4	-3.5	147.1	40.2
건설	8.0	2.3	9.0	9.3	131.9	19.0
서비스	4.2	0.5	4.8	4.2	104.4	23.4
대기업	4.6	0.7	7.8	7.8	77.5	20.5
제조업	5.0	1.1	10.2	10.6	59.1	17.1
비제조업	4.1	0.1	4.1	3.5	113.4	25.5
중소기업	5.7	3.1	7.3	7.2	109.1	29.0
제조업	1.7	4.1	6.4	6.4	100.7	31.2
비제조업	11.0	1.8	8.3	8.2	120.6	26.3

※ 출처: 한국은행 보도자료-경제통계국 기업통계팀 (2018.09)
※ 기준일: 2018년도 2/4분기 기준

　　국내 기업들의 주요 안정성 지표를 확인해보면 2018년도 2/4분기의 부채비율은 제조업의 65.2%보다 비제조업이 114.8%로 더 높은 편이고, 대기업 77.5%보다 중소기업 109.1%로 높게 확인된다. 즉 자본금 대비한 부채비율은 대기업의 제조업보다 중소기업의 비제조업이 상대적으로 높은 것으로 확인된다.

국내 기업들이 2017년도 정책자금을 조달한 현황을 분석해보면 신용보증기금 또는 기술보증기금의 신용보증서를 통한 제1금융권의 대출이 40.6%, 중소기업진흥공단 36.7%으로 확인되어 2개의 기관이 77.3%로 거의 대부분을 차지하는 것으로 확인된다. 전체 기업 중에서도 제조업의 비중이 55.8%, 소기업이95.6%, 매출액 10억원 미만이 36.9%, 10~50억원이 44.9%, 업력으로는 5년 미만 34.3%, 5~9년 28.9%로 확인된다.

결론적으로 정책자금의 대출은 고용이 많은 제조업 55.8%, 근로자 49인 이하의 소기업 95.6%, 아직 매출액 50억원 이하 81.8%, 업력 9년 이하 63.2%로 확실히 경향성이 뚜렷하다. 즉 원래 정책자금은 재무구조가 취약하나 기술력이 높은 기업에 지원한다는 취지가 통계적으로도 그대로 확인되고 있다.

[도표] 국내 기업의 정책자금 대출 현황 (2017년도)

구분	특성	기업모집단 (개)	정책자금 대출 비율 (%)						
			신용보증서 담보	중소기업진흥공단	재정기금자금	소상공인시장진흥공단	온렌딩자금 (산업은행)	금융중개지원 (한국은행)	기타
전체	소계	41,734	40.6	36.7	15.4	14.7	1.2	0.4	2.2
분류	C 제조업	23,270	35.7	44.7	19.8	11.7	1.9	0.7	0.6
	F 건설업	2,530	31.2	44.6	12.1	12.1	-	-	-
	J 출판,방송	1,795	55.2	41.1	13.5	-	0.6	-	-
	M 과학,기술	2,542	41.5	54.7	3.8	-	2.7	-	9.7
	Q 보건업	535	100	-	-	-	-	-	-
	S 수리	219	100	-	-	-	-	-	-
	기타 (생략)	10,843	-	-	-	-	-	-	-

규모	소기업(5~49인)	39,877	40.1	37.0	15.3	15.4	1.0	0.3	2.2
	중기업(50~299)	1,857	52.3	31.0	17.7	-	6.3	1.6	2.0
업력	5년 미만	14,331	41.4	42.9	6.2	20.2	-	-	1.7
	5~9년	12,055	41.0	41.8	13.6	20.0	0.5	-	0.1
	10~14년	5,106	55.2	20.0	22.7	7.2	0.5	1.1	-
	15~19년	5,259	47.1	27.5	21.4	4.4	1.7	1.4	1.0
	20년 이상	4,983	15.8	33.4	32.9	4.9	7.0	0.6	12.4
매출	10억원 미만	15,404	48.2	26.7	9.9	23.9	-	-	4.7
	10~50억원	18,741	37.9	41.0	18.1	10.7	0.0	0.7	0.6
	50~100억원	4,697	25.3	51.1	21.1	10.0	4.3	-	1.3
	100억원 이상	2,892	42.9	39.0	18.5	-	10.9	1.0	1.0
수출	0%	32,103	40.8	35.1	13.1	17.0	0.5	0.2	2.8
	0~30%	5,569	40.3	46.3	26.3	2.8	3.3	1.3	0.0
	30% 이상	4,062	40.0	36.5	19.4	12.9	4.5	0.6	0.6

※ 출처: 통계청 e나라지표 (2019.01)

사실 요즘 새롭지도 않은 사실이라면 만나는 기업인들마다 매출에 대한 하소연과 푸념으로 습관처럼 투덜거린다. 그도 그럴 것이 제조업의 영업이익률이 물가상승률과 별반 차이도 없을 것이란 우려에 투자를 하는 입장이나 경영을 하는 입장 모두 기대보다 두려움이 앞서게 할 것이다.

그런데 제조업의 영업이익률을 확인해보면 2017년도 7.6%로 전년(6.0%)에 비해 1.6%p 상승하였고, 매출액세전순이익률도 7.9%로 전년(6.1%)에 비해 1.8%p 상승하였으며, 매출액영업이익률은 미국(8.0%)에 비해 약간 낮은 것으로 나타났다. 또한 이자보상비율은 914.3%로 전년의 640.8%에 비해 무려 273.5%p 상승하였는데 이는 매출액영업이익률 상승과 이자부담 경감 때문으로 보인다. 한편 제조업의 이자보상비율은 미국의 374.7%보다 훨씬 높은 수준으로 확인된다.

[도표] 제조업의 수익구조 및 이자보상비율

구분		2016	2017	2017/미국
매출액 대비 (%)	매출액 ⓐ	100	100	100
	매출원가·판매관리비 ⓑ	94.0	92.4	92.0
	영업이익 ⓒ=ⓐ-ⓑ	6.0	7.6	8.0
	영업외수지 ⓓ	0.1	0.3	2.4
	(순금융비용)	-0.7	-0.6	-
	(외환손익)	0.0	0.0	-
	(투자·유형자산처분손익)	0.3	0.3	-
	(기타)	0.4	0.7	-
	세전순이익 ⓒ-ⓓ	6.1	7.9	10.4
이자보상비율 (%)		640.8	914.3	374.7
영업이익률 (%)		6.0	7.6	8.0
금융비용부담률 (%)		0.9	0.8	2.1

※ 출처: 한국은행 2017년 기업경영분석 (2018.11)

도표의 통계에서도 확인할 수 있듯이 기술창업에 근거하는 제조업의 세전이익률이 예상보다는 높게 나타난다. 그렇다면 우리를 힘들게 할 것 같았던 세상은 힘들게 한 것이 아니라 늘 변화하는 세상에 우리가 잠시 안주하느라 쫓아가지 않았기 때문이 아닌지 되짚어봐야 할 것이다. 그래서 우리의 제품에 새로운 가치를 부여하고, 아이템에서 시스템으로 주력하며, 기존 경쟁구도의 변화를 노력하는 등 대대적 발상의 전환과 뼈를 깎는 노력들이 필요할 것이라 생각된다.

제4장

투자 이해하기

01. 엔젤투자 이해하기

① 창업후 자금조달의 유형

창업의 조건으로 혁신적이고 경쟁적인 기술력을 포함해서 많은 것들이 요구되겠지만, 그중에서도 대부분의 창업자들에게 가장 곤혹스럽게 하는 난관이라면 역시 자금조달일 것이다. 어느 누구도 자금이 없으면 창업이 성립되지 않으므로 피할 수 있는 현실이다.

그래서 창업자들은 평생의 퇴직금이나 장기간 납입했던 보험을 해약해서 순수한 자기자본금을 조성하는 경우도 있을 것이고, 또는 가족이나 학연지연의 동료들로부터 조금씩 빌려서 표면상 자기자본금처럼 보이게 할 수도 있을 것이다.

그렇지만 초기 자본금들은 1년 또는 몇달도 안되어 개발비, 임대료, 식대, 차량유지비 지출하면 또다시 아파트를 담보하는 자금조달을 궁리하거나 제1금융권에서 거액, 또는 개인신용도 안되면 제2금융권의 초고금리 소액조차 반가울 것이다.

[도표] 창업자들이 가능한 법인의 자금조달 유형

자격	종류	출처	내용	일반적 규모 (억원)
개인 (대표 이사)	순수 자본금	자신	퇴직금, 저축, 보험해약, 주택 축소 등으로 조성	0.1~1
		지인 대출	개인대출이라도 표면상 자기자본금처럼 보임	0.1~1
	개인신용 대출	제1금융권	기준금리보다 높지만 장기 저리 대출	1~3
		제2금융권	제1금융권 자격미달로 고리 대출	0.1~0.5
기업	정부지원 사업 (과제)	R&D 지원	일반적인 제품의 개발	1~20
		비R&D 지원	제품과 연관된 특허, 디자인, 시장조사 등	0.01~0.3
	기술보증 대출	기술보증기금	대표이사, 기술력, 사업성 평가후 보증서 발행	0.5~1
		신용보증기금	창업자를 대신하여 보증기금이 책임진다는 보증서를 제1금융권에 제시하여 저리 대출	
	투자유치	엔젤	창업초기 사업준비가 약한 단계	0.1~1
		투자	기술과 영업력으로 사업준비가 잘된 경우	0.5~10

※ '일반적 규모'의 자금범위는 통계적 분포가 아닌 저자의 주관적 견해
※ '기업'은 개인기업(개인사업자)과 법인기업을 모두 포함
※ 창업자를 가정하여 증자 또는 채권발행은 제외

창업후 시간이 지나면서 제도권 영역으로 기업의 기술창업에 대한 보증대출 제도도 접하면서 거액의 기술보증대출 시도할 것이다. 흔히들 알고 있는 기술보증기금(기보)과 신용보증기금(신보)의 중요한 역할 중의 하나이다. 구체적으로는 기관의 담당자가 사업장을 방문하여 경영자의 역량, 조직구성원들의 업력, 특허를 포함한 기술의 보유현황, 개발 및 생산 시설의 유무, 영업적 네트워크 등을 전반적으로 평가한 다음, 제1금융권에서 보증대출할 수 있는 보증서를 발급해준다.

물론 기술창업에 대한 보증은 부동산, 사치품, 유통, 유흥 등 기술창업이 아닌 분야는 지원이 거절될 수 있으므로 사전에 확인이 필요하며, 그 경우 소상공인 자금지원제도를 확인할 필요가 있다. 또한 두 보증기금 중에 한곳에서 먼저 보증서를 발급받으면 나머지 다른 곳의 보증서 발행은 절차상 자동으로 거절된다.

또 다른 제도권 영역이자 가장 중요한 자금조달 방법은 엔젤 (angel)이나 기관투자(Venture Capital, VC)에 의한 자금조달인데, 선도적 기술력, 높은 조직력, 상당한 시장규모, 풍부한 영업네트워크 등에 대한 역량이 확인되면 성사될 것이다. 아마도 내부적 역량이 강력하면서도 주식지분의 일부를 제3자와 공유에 내부적 갈등이 없다면 거액의 자금을 조달할 수 있는 가장 확실하고 안전한 방법이다.

투자의 유치에서 엔젤투자는 창업 초기의 절박한 시절에 비록 소액이지만 죽음의 계곡을 건널 수 있는 투자를 의미한다. 대부분의 창업들이 기술의 실체도 모호하고 전반적 역량도 불균형스러워 기업가치를 논하기 힘든 경우가 많을 것이나, 그중에는 창업후 특허, 공인시험성적서, 과거 업력 등을 참고하면 아직은 막연하겠지만 대충 10억원 정도 추정될 수도 있을 것이다. 그렇다면 지분율 10%는 1억원이라는 이야기이다.

그럼에도 불과하고 엔젤투자는 수천만원 수준이 대부분을 차지하며, 정말 큰 투자금액이라 하더라도 1억원을 초과하는 경우는 많지 않은 편이다. 즉 엔젤투자는 수억원을 가진 투자가들이 수천만원의 최소단위 소액으로 쪼개어 위험을 줄이고자 분산투자전략 성향이 강하다. 도표를 보면 2016년도 총 3,984건의 엔젤투자가 성사되었는데, 그 중에서 1,500만원 이하가 51.6%로 가장 많은 비율을 차지하고, 1,500~5,000만원도 22.4%로 많은 비중이다. 그러나 1억원 이상은 17.2%의 비율로 적은 편이며, 그래서 기관투자보다는 투자금액이 1/10 내지 1/100 수준에 불과할 정도로 적다.

[도표] 엔젤투자의 규모

투자규모	2013	2014	2015	2016	2016년 비율
1,500만원 미만	334	488	997	2,054	51.6%
1,500~5,000만원	207	301	707	894	22.4%
5,000만원~1억원	113	133	355	351	8.8%
1억원 이상	224	207	439	685	17.2%
투자건수 합계	878	1,129	2,498	3,984	100%

※ 중소벤처기업부 보도자료 (2018.08.03.)

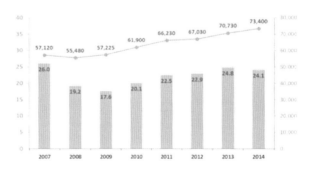

※ 단위: (좌)10억달러, (우)개
※ 출처: Center for Venture Research

[그림] 미국의 연도별 엔젤투자실적 현황

그래서 기술력이 아주 우수하거나, 공인시험기관 또는 제3의 기관에 의해 글로벌 경쟁력이 검증되었거나, 사업화 역량이 정말 강력하다면 엔젤 단계를 너머서 기관투자가 성사될 수 있을 것이다. 기관투자는 지분율 10%에 대하여 5천만원 내지 수억원이 될 수도 있을 것이고, 1억원 투자에 지분율을 10% 이하로 낮추는 방법도 있을 것이며, 또는 수십억원 투자받는 대신에 상당한 지분을 내줘야 할 수도 있을 것이다.

좀 극단적인 예를 들자면 생명공학의 제약분야들은 지분율 10%가 초기에는 수억원 내지 수십억원 수준이나, 공식적 임상시험 결과가 고무적일 경우에는 지분율 10%가 수백억원 넘을 수도 있을 것이다.

그런데 일부의 경영자들은 엔젤이든 기관투자자든 제3자의 참여가 언젠가 간섭의 빌미가 될 것이란 우려에 투자유치보다 차라리 대출로 버티려 할 것이다. 또는 어떤 경영자들은 과거 뼈아픈 대출 트라우마 때문인지 아직 휴지조각이나 다름없는 주식으로 지분은 공유하겠지만 대출은 절대로 수용하지 않으려 할 것이다.

그렇지만 생산라인 자체가 엄청난 시설들을 요구하는 장치산업들은 매입한 공장부지를 담보로 수십억원 대출하여 소요자금을 조달하려는 계획을 하는 경우도 있을 것이고, 또는 임상시험을 하면서 하세월 버텨야 하는 제약이나 화장품 등은 투자가 아니면 어떤 대안도 없어 처음부터 투자를 예정하는 경우도 있을 것이다.

또 다른 예로는 투자 유치가 확정되었음에도 투자 측의 경영간섭이 골치 아플 것 같은 기우에 갑자기 창업자가 거절하는 경우도 있을 것이고, 또는 창업자의 경영이나 마케팅 역량의 염려로 지원을 위하여 투자측 지인을 투자조건과 함께 영입권고하면 이것을 경영감시로 인식하면서 투자를 거절하기도 한다.

결론적으로 생각해 볼 때 창업 초기기업의 자금부족에 대하여 창업자는 처음부터 대출과 투자유치 중에 어느 길 갈 것인지 미리 로드맵이 설정되어 있을 것이고, 그 선택의 폭은 산업별, 제품별, 경영자 재정상태, 경영자의 성향 등이 전부 다를 것이나, 그림에도 불구하고 결국 대출과 투자는 경영자의 취향이 많이 작용하는 것으로 보인다.

② 엔젤투자의 현황

창업기업에 투자를 하면 대부분 보통주 형태의 주식을 받게 될 것이다. 이때 엔젤투자는 앞에서도 언급했듯이 수천만원 수준의 자금이 투자될 것이나, 대체로 여러 사람이 자금을 합쳐서 투자하는 투자클럽의 형태가 많다.

절차상으로는 개인들이 기업설명회(Investor Relation, IR)를 듣고 투자협약 전까지 개별적으로 기업을 방문하여 질의응답, 의견조율 등의 상담을 거칠 것이다. 또는 사전에 입수한 정보에 근거하여 개별적 기업을 방문후 기업설명회를 요청하는 순서로 진행될 수도 있을 것인데, 이때 엔젤투자가 1인보다 엔젤클럽 다수의 투자가들을 위한 기업설명회가 될 것이다.

위와 같은 직접 투자 외에 49명 이하의 개인이 모여 결성된 개인 투자조합(펀드)에 투자업무를 일임하는 간접투자 방식도 가능하다. 즉 개인들이 투자조합에 가입하여 자금을 전달하면 투자조합은 투자할 우수기업들을 엄선하여 투자를 대신 집행한다. 이때 투자할 대상의 선정은 펀드매니저 역할을 하는 업무집행조합원(General Partner, GP)이 담당하게 된다. 이렇게 소액이나마 창업 초기기업에 단비같이 투자해서 창업을 지원하는 것이 엔젤(angel) 같아서 엔젤투자라고 한다.

그렇게 투자를 받은 창업기업들 입장에서는 향후 기업의 인수합병(Merger and Acquisition, M&A) 또는 주식시장에 기업공개상장(Initial Public Offering, IPO)을 하면 투자한 주식들의 가치가 통상적으로 수십 내지 수백 배로 급등할 것이며, 그때 보유한 지분들을 매각하여 투자금을 회수하는 방식으로 투자이익을 실현하게 될 것이다. 물론 매출액이 좀 있다하더라도 M&A 또는 IPO 등의 성공적 이벤트가 일어나지 않는 나머지 수많은 투자처들은 실질적으로 투자원금 회수도 거의 힘들 것이므로 최종 손실처리해야 할 것이다.

갓 창업한 신생기업들은 향후 M&A 또는 IPO까지 갈 가능성이 얼마나 될지 예측이 쉽지 않고, 기대되는 신생기업들을 예측해도 모두 적중할 확률은 여전히 낮은 편이다. 그만큼 투자는 관련 정보들을 최대한 입수하고 여러 이론들을 동원하여 예측을 한다 해도 결코 녹록치 않은 일이다.

기업들의 업력에 대비한 엔젤들의 투자시기를 분석해보면 창업

이전에 이미 투자한 경우 6%, 창업후 3년 이내 42%, 창업후 3~5
년 27%, 창업후 5~7년 13%, 창업후 7년 이후 13%라고 한다. 또
한 엔젤투자의 규모 측면에서도 기관투자에 대비하여 겨우 1~10%
수준으로 상당히 미미한 편으로 확인된다.

그럼에도 꿈 많은 창업자의 가슴속에 기술의 싹을 틔우려는 초기
에는 비록 자금이 소액이라도 정말 천상의 엔젤 이상으로 반가울
것이다. 특히 창업초기에 누구나 지나가야 할 악마의 강, 죽음의 계
곡, 다윈의 바다를 가는 여정에 엔젤의 도움은 사막의 물 한모금보
다 더 소중한 가치로 자리매김할 수 있다.

[도표] 창업기업 업력에 따른 엔젤투자 현황

업력	창업 전	3년 이내	3~5년	5~7년	7년 이후
비율	6%	42%	27%	13%	12%

※ 출처: (사)한국엔젤투자협회

국내의 엔젤투자는 2000년대 초반 전국적으로 IT를 포함한 다양
한 업종들에 대한 벤처투자 열풍으로 상당히 증가했으나, 대략
2004년부터 투자거품이 사라지면서 아직까지도 대략 5,000명 이하
의 엔젤투자가들이 총 500~1,000억원 규모의 엔젤투자를 수행하
고 있는 것으로 보인다.

[도표] 연도별 엔젤투자자 등록현황

연도	2013		2014		2015		2016		합계
	상반기	하반기	상반기	하반기	상반기	하반기	상반기	하반기	
가입자 (명)	3,948	4,868	6,290	7,060	8,443	9,468	11,103	-	11,103

※ 출처: (사)한국엔젤투자협회 (2016.06월 기준)

[도표] 국내 엔젤투자자 현황

■ 연령 범위							
구분		20대 이하	30대	40대	50대	60대 이상	합계
회원수		499	2,140	3,341	1,890	576	8,446
구성비		5.9	25.3	39.6	22.4	6.8	100

■ 출신									
구분	제조업	금융	서비스	자영업	유통업	공공 행정	건축	무응답	합계
회원	1,017	1,004	2,059	580	277	319	170	3,020	8,446
비율(%)	12.0	11.9	24.4	6.9	3.3	3.8	2.0	35.7	100

■ 투자희망 분야									
구분	정보통신	일반제조	생명공학	문화콘텐츠	서비스교육	환경복원	유통	구분없음	합계
회원수	1,170	471	343	304	206	92	88	5,772	8,446
구성비	13.9	5.6	4.1	3.6	2.4	1.1	1	68.3	100

※ 출처: (사)한국엔젤투자협회 (2015.06월 기준)

　엔젤투자의 일반적인 절차는 학연, 지연, 광고, 투자클럽 등에서 투자대상을 발굴하고, 회계법인, 창투사, 투자클럽, 컨설팅회사 등에서 정보를 수집하여, CEO를 포함하여 정량적 또는 정성적 평가를 진행하며, 평가자료들에 근거로 해당기업을 방문하여 경영진과 상담하면서 투자조건을 협의할 것이다. 투자가 집행되면 법원의 등기부등본의 수정 및 주주명부에 추가하게 되고, 그 후 실적

보고를 받으면서 경영지원을 할 수도 있고, 최종적으로는 M&A 또는 IPO를 통해 투자금 및 수익금을 회수하는 절차로 종료하게 될 것이다.

③ 엔젤투자의 유형

엔젤투자자의 형태는 개인형 엔젤투자자와 법인형 엔젤투자자로 구분할 수 있다. 개인형 엔젤투자자는 개별엔젤투자자, 전문엔젤투자자, 엔젤클럽, 개인투자조합 등이 있다. 법인형 엔젤투자자는 적격엔젤투자전문회사, 적격벤처기업, 창업지원기관, 지역창업관련기관, 산학협력기술지주회사, 대학관련투자기능기관, 혁신경제혁신센터 추천기관, 신기술창업전문회사, 창업경진대회투자약정기관, 액셀러레이터 등이 있다.

엔젤 개인투자는 2016년도 현재 3,984명이 1,747억원(소득공제 기준)을 투자한 것으로 확인된다. 그래도 2000년대 초반, 특히 2004년도 벤처버블이 꺼지면서 투자가 급감한 이후 투자자 수와 투자 규모 측면에서 최고치를 기록하는 중이다.

[도표] 연도별 엔젤 개인투자의 현황

구 분	2011	2012	2013	2014	2015	2016	2017
개인투자(명)	-	-	878	1,129	2498	3,984	-
투자액(억원)	450	557	574	876	1,628	1,747	-

※ 출처: (사)한국엔젤투자협회

엔젤투자조합은 개인투자조합이라고도 하며, 『벤처기업육성에 관

한 특별조치법』에 근거하여 출자금의 총액은 5억원 이상이고, 유한
책임 조합원 수는 최대 49인 이하의 개인들이 벤처기업에 투자를
목적으로 결성한 투자조합을 의미한다.

투자의 형태는 주로 창업 초기기업에 엔젤투자자가 선투자후 매
칭투자를 신청하면 엔젤투자자 및 투자기업에 대하여 투자 평가후
정부에서 매칭하여 투자하는 펀드사업이다. 법률에 따라 중소벤처
기업부에 등록하도록 의무화하고 있으며, 투자액의 일정범위에 대
하여 소득공제도 가능하다.

[도표] 연도별 엔젤투자조합의 현황

구 분	2011	2012	2013	2014	2015	2016	2017.6
조합수(개)	2	13	29	55	89	211	273
결성액(억원)	9	46	321	405	446	1,131	1,378
투자액 (단년도)	9	33 (24)	75 (42)	158 (83)	364 (206)	743 (379)	867 (124)
투자기업(개)	6	17	33	58	102	205	247

※ 출처: (사)한국엔젤투자협회

법인형 엔젤투자자인 한국벤처투자㈜(Korea Venture Investment
Corporation)(서울 서초동)는 벤처기업 및 중소기업들의 성장과 발
전을 위한 투자 촉진을 위하여 『벤처기업 육성에 관한 특별조치법』
에 근거하여 2005년 6월 설립된 중소기업 투자모태조합운영 전담
회사로 중소벤처기업부 산하의 공공기관이다.

한국벤처투자㈜의 전체적인 업무는 중소기업 및 벤처기업에 대

한 투자, 해외 벤처투자 자금의 유치를 지원, 중소기업 창업투자회사의 육성, 중소기업 창업투자회사의 전문인력 양성을 위한 교육사업 등을 수행하고 있다. 사내조직은 대표이사와 감사팀을 비롯하여 경영기획본부, 투자운용본부, 투자관리본부, 글로벌본부, 엔젤투자본부, 준법서비스본부의 6개 본부로 운영하고 있다.

그 중에서도 대표적 업무는 많은 창업기업들이 '죽음의 계곡'을 건너도록 정부의 모태펀드를 운영하면서 위탁운용사(General Partner, GP)2)가 되어 일정한 자격요건이 되는 엔젤투자자들의 투자금액에 대하여 1~2배수를 신주에 매칭방식으로 투자하는 '엔젤투자매칭펀드'를 운영하고 있다.

투자대상자의 자격은 『중소기업 창업지원법』에 따라 창업초기기업으로 기업가치가 50억원 이하, 직전연도 매출액 10억원 이하, 연구개발비가 매출액의 5% 이상, 벤처기업, 기술혁신형 중소기업(Inno-Biz), 경영혁신형 중소기업(Main-Biz) 등의 여러 법적기준들을 병행 요구하고 있다.

엔젤클럽은 엔젤 형식의 투자에 관심이 있는 개인투자자들이 자발적으로 모임을 결성하여 각자 분야의 전문적 지식에 기반하여 서로의 의견을 교환하며 투자대상을 발굴하는 집단을 의미한다. 개인이 단독으로 투자하는 경향에 비해 당연히 위험이 월등히 낮고, 효율적인 투자만큼 발굴에 소요되는 시간과 비용도 절감할 수 있을

---

2) General Partner, GP: 위탁운용사, 업무집행조합원, 무한책임사원

것이다. 클럽 구성원들의 제한, 출자의무, 매회 출자 등에 대한 어떤 의무도 없이 자유롭고 전문적 성향을 가지는 엔젤 규모의 모임이다.

엔젤투자마트는 신생 벤처기업들의 높은 기술력에도 불구하고 모든 것들이 막막할 창업초기에 자금조달을 지원할 목적으로 운영되고 있다. 즉 벤처기업과 엔젤들이 투자에 대한 정보를 교환하고, 벤처기업들이 자금유치 기회가 될 일종의 투자설명회를 말한다. 대체로 한국엔젤투자협회 또는 한국벤처캐피탈협회 등 엔젤클럽이나 벤처기업의 관련기관들에서 운영하고 있다.

엔젤캐피탈은 기술력은 있으나 자금력이 부족한 창업초기의 벤처기업에 투자하는 자금을 의미한다. 반면에 벤처캐피털은 주로 창업후 제품의 완성도가 높고 시장진입도 성공한 기업들에 투자하므로 엔젤캐피탈과 차이를 띤다. 또한 엔젤캐피탈은 대체로 개인투자자의 클럽 형태로 구성되고, 직접 벤처기업에 투자하거나 투자를 전문하는 창업투자회사에 위탁하여 운영한다. 벤처기업이나 중소기업들 직접 자금조달하려면 언젠가 주식시장에 등록해야겠지만, 그러한 여정까지는 여러 난관들을 거쳐야하므로 창업초기 벤처기업으로서는 엔젤 캐피탈이 가장 효과적인 자금조달 경로로 볼 수 있다.

한편 블랙엔젤(black angel)이라는 용어는 천사처럼 나타나 벤처기업에 자금을 지원해주다가 회사의 성장보다 자신의 이익을 종용하거나, 슬그머니 창업자의 경영권을 뺏거나, 심지어 회사를 파산시

킬 목적으로 활동하는 나쁜 엔젤을 의미한다. 그래서 회사가 정상적인 경영을 할 수 없도록 여러 이벤트를 만들어 경영을 혼란스럽게 만드는 경우도 있을 것이다. 그 경우는 경쟁사가 경영에 참여하는 것을 전제로 제3자로 우회하여 투자할 수 있을 것이고, 근무하는 동안 수시로 자잘한 혼란을 유도하는 등 정상적 업무를 방해하는 것이 주목적일 것이다. 그래서 극단적으로는 먼저 창업자의 사임을 유도하거나, 또는 경영권 인수를 타진하거나, 그마저도 힘들다면 어떤 식으로든 파산되도록 주도면밀하게 조정하려 할 것이다.

블랙엔젤들의 주요 공격 포인트라면 산업계 스파이와 마찬가지로 역시 약점을 노릴 것이다. 예를 들어 자금조달과 관련하여 금융기관 대출, 정책자금 지원, 또는 기관투자 유치에 재무구조의 약점으로 접근하지 못하는 경우도 있을 것이다. 또는 영업력이 약하여 매출이 미미하거나 또 다른 이유로 정책자금을 활용하지 못하는 등 자격여부와 관련될 수도 있을 것이다. 그래서 그러한 기업들을 수소문하고 창업자들에게 선심과 호감으로 접근하여 신생기업들의 약점을 정말 간교하게 파고들어 최종적으로 경영권 인수 또는 파산을 계획할 것이다.

기관투자자보다 비교적 전문성이 약할 수 있는 엔젤투자들도 약간의 기본원칙을 준수한다면 투자수익률은 어느 정도 유지할 수 있다. 즉 엔젤투자자 자신들이 잘 아는 산업이나 사업에 투자를 하는 것이 중요하고, 대상기업의 창업자에 신뢰성이 있어 보이고 서로 심리적으로 잘 맞는 것도 상당히 중요하며, 투자자산에 대한 전문성과 더불어 글로벌 마켓 흐름과 일치하는 투자도 중요한 요소라 할 수 있다.

또한 위험관리 측면에서 엔젤투자자도 기관투자이전의 투자영역으로 투자리스크가 커서 엔젤들만의 차별화된 전략 수립이 중요할 것이다. 그래서 어느 분야에 대한 투자를 할지 결정해야 하는데, 앞서 언급했듯이 가급적 엔젤투자 집단들의 기술적 전문성 범위에서 투자하는 것이 중요하다. 그리고 투자 후 엔젤로서 투자기업의 경영 경영간섭보다는 투자기업 가치를 value-up하는 도우미 역할에 집중하고, 투자기업은 투자계약서상에 해당내용들을 명시해 두는 것도 중요하다.

투자의 전략적 측면에서 엔젤공동투자전략(angel investment strategy)은 여러 엔젤들이 서로 의견교환하면서 투자하는 전통적인 방식중 하나이다. 선도투자전략(lead investment strategy)은 지분을 많이 확보하여 경영의사결정권을 행사하려는 적극적 투자에 해당된다. 경영자투자전략은(manager investment strategy)은 투자와 동시에 엔젤투자자가 시간적 여유도 있고 배우고 싶은 욕심도 있어서 대상기업에 근무하면서 경영에 참여하는 방식이나, 국내 정서로 볼 때 대부분 기존 경영자들은 차라리 투자를 거절할지언정 달가워하지 않는 편이므로 경영참여 의사전달은 심사숙고가 필요해 보인다. 기업엔젤투자전략(corporate investment strategy)은 동일 업종으로 이미 성공한 창업자가 대상기업에 엔젤로 부분적으로 활동한다면 시장에서 엄청난 경쟁우위를 확보할 가능성이 높은 원원

(win-win) 전략이다. 현물투자는 현금을 대신하여 사무실, 공장, 설비 등을 제공 또는 공유하거나, 경영 또는 기술에 대한 자문으로 지분을 받는 것인데, 국내의 정서는 대부분의 창업가들이 지분의 유출에 너무 민감하여 보기 드물 것으로 생각된다.

02. 벤처캐피탈투자 이해하기

① 벤처캐피탈의 개요

벤처캐피탈(Venture Capital, VC)은 1920년 미국에서 부유층 가족이나 개인들이 신규사업에 창업자금을 지원하면서 시작되고 계속 발전되어 전 세계로 확산된 개념이다.

1946년 미국 보스턴의 Harvard Business School 경영대학장을 지냈던 Georges Doriot와 버몬트주 상원의원이었던 Ralph Flanders는 공동으로 'American Research & Development Corporation'(ARDC)를 설립하였다. 그들은 기존처럼 명문가의 자금을 유치하는 대신에 일반 유한책임사원(Limited Partner, LP) 성격의 자금을 유치했다. 성공적인 사모펀드로 1957년에 DEC(Digital Equipment Corporation)의 지분 70%를 7만 달러에 투자(인수)한 것인데, 1968년도 IPO로 투자액의 무려 5,000배인 3.55억 달러의 가치로 회수하였다.

J.H. Whitney와 Benno Schmidt는 2차대전후 'John Whitney'라는 펌을 공동으로 창업했다. 주업무는 전쟁직후 은행에서 차입자격이 없는 기업들을 지원하기 위해 1천만 달러의 사모펀드를 설립했고, Harvard Business School 경영대학장을 찾아가 지난 5년간 가장 우수한 인재를 수소문하여 Peter Maier를 영입했다고 한다. 당시에는 'Development Capital'이란 용어로 쓰였지만, Whitney는 'Private Adventure Capital'이라 말했고, Schmidt는 다시 『Venture Capital』로 줄인 것이 지금의 용어로 정착된 것이라 한다.

국내에서 최초의 벤처캐피탈 회사인 '한국기술진흥㈜'(KTAC)는 1974년 설립되어 한국과학기술원(KIST)의 연구결과들을 사업화하는 것이 목적이었다. KTAC는 지원시기에 따라 투자하는 성향도 약간씩 달랐는데, 70년대 중반에는 국가 기반산업 지원, 80년대 중반에는 부품소재산업의 지원, 90년대 중반에는 첨단 벤처의 지원, 2000년대에는 드디어 전문화된 투자를 시작하는 시기로 나눌 수 있다. 그 중에서 2000년대 초반에는 벤처거품이 빠지고 벤처기업들이 힘들어지면서 코스닥 등록률도 낮아져 연쇄적으로 많은 벤처캐피탈들이 더 많은 회수불능을 겪어야 했다.

그래서 벤처캐피탈이란 혁신적인 기술을 개발하는 기업에 투자금을 지원하는 회사, 또는 증권시장, 은행, 보험사 등을 통한 통상적 자금조달이 불가능한 창업 초기기업들에게 자금 공급책의 역할을 의미하기도 한다. 또 다른 의미로 표현하자면, 고위험·고수익을 추구하는 일종의 모험자본이라고 할 수 있다.

어쨌든 벤처캐피탈의 주역할은 역시 투자로서 기술력 및 사업성은 높으나 자금력이 약한 창업 초기기업들에 대한 지원은 엔젤투자와 동일하다고 볼 수 있다. 그러나 투자 조건이 엔젤에 비해 기준과 절차가 까다롭고 IPO 직전의 기업들이 많은 만큼 위험도는 낮고 수익률도 적은 편이다.

또한 엔젤은 개인이나 개인들의 모임인 클럽 또는 조합이 개인들의 자산을 직접 투자방식이지만, 벤처캐피탈은 투자자들을 모집하고 유한회사 법인을 설립후 투자자들을 대표하여 투자하는 간접 투자방식이다. 투자금액의 규모는 엔젤의 경우 수천만원 수준이 전체의 절반 정도를 차지하고 많아도 1억원 내외이지만, 벤처캐피탈은 평균 10억원 수준에서 회수 위험을 줄이기 위해 IPO 직전의 기업 또는 제약분야 기업에 투자할 경우 수백억원을 투자하기도 한다.

[도표] 엔젤과 벤처캐피탈의 차이

분류	엔젤	벤처캐피탈
기관 유형	개인, 클럽, 조합	전문 법인
지원 유형	직접투자, 컨설팅	펀드 간접투자, 투자후 조건부 대출
투자 재원	개인 자산	투자자 모집으로 조성
법률 근거	벤처기업육성 특별조치법	중소기업 창업지원법
투자 단계	창업전~창업초기	창업초기~ IPO(M&A) 전
투자 위험	상대적으로 높음	상대적으로 낮음
투자 수익률	상대적으로 큼	상대적으로 적음
투자 기간	단기	장기
투자 규모	0.1억원~3억원	1억원~수백억원
투자 기준	투자자 주관적 성향	객관적 기준의 엄격 심의

벤처캐피탈의 또 다른 업무로는 금융활동으로 주식의 인수, 전환사채 또는 신주인수권부 사채의 인수, 약정투자 등의 투자활동이 있다. 그 외에도 부가적으로 유능한 멘토 풀을 활용하여 경영, 기술, 영업 등에 대하여 멘토링 또는 컨설팅도 지원할 수도 있다. 벤처캐피탈이 일반적인 금융기관들과 차이점은 다음 도표와 같다.

[도표] 금융기관과 벤처캐피탈의 차이

분류	금융기관	벤처캐피탈
자금 지원	대출	투자
자금 재원	예금	출자기관 및 출자자
지원 기간	지정 기한	M&A 또는 IPO 까지
지원 기준	재무구조, 매출액, 담보	CEO경영능력, 기술성, 수익성, 시장성, 사업성 등
담보 비중	아주 높음	거의 무관
회수 위험	대부분 회수	회수 불가 많음
투자 수익	이자, 연체이자, 담보처분	배당금, 지분매각 회수
성공 보수	일정 이율	초과수익율에 대한 일정비율
경영 참여	해당 없음	가급적 배제
상호 관계	거의 무관심	강력한 유대관계

투자의 절차적인 측면에서 벤처캐피탈의 투자는 엔젤투자에 비해 비교적 객관적이고 체계적으로 진행한다. 먼저 '어떤 벤처펀드'라는 명분으로 자기자본 계정을 통해 직접 투자하는 방식 또는 투자조합을 결성하여 펀드를 조성하고 업무집행조합원 자격으로 운영한다. 그 다음 투자회사를 발굴해야 하는데, 자신의 전문성과 다양한 체크리스트들을 통해 신중한 판단력이 필요할 것이다. 왜냐하면 대상기업의 입장에서는 자신을 약점은 최대한 감추면서도 강점은 집요하게 부각할 것이니 마치 형사재판 같을 것이다.

그 후 대상기업에 대한 투자는 보통주 또는 우선주로 진행할 것이나, 그 외 전환사채인수(Convertible Bond, CB), 프로젝트파이낸싱(project financing), 대출 등 다양한 방법으로 투자가 수행될 수 있을 것이다. 그리고 투자가 성사되면 이제는 투자한 대상기업이 무한히 육성될 수 있도록 최선을 다할 것이고, 언젠가 코스닥 등에 기업공개상장(IPO) 또는 M&A 하게 되면 지금까지 인내하면서 투자해왔던 노력들을 지분매각을 통해 모두 회수하게 될 것이다.

② 벤처캐피탈의 유형

벤처캐피탈을 운영하는 방식에 따라 창업투자조합, 신기술조합, 벤처조합의 세 가지 유형으로 구분할 수 있다. 창업투자조합은 정부가 창업투자회사 및 일반투자자들의 자금도 같이 모으고 투자를 해서 수익을 공유하겠다는 제도이다. 투자대상은 비상장 창업자(7년 이내 중소기업), 벤처기업, 기술혁신형 중소기업(Inno-Biz), 경영혁신형 중소기업(Main-Biz) 등에 집중적으로 투자하고 있다.

그래서 벤처기업에 대한 투자를 위하여 운영하는 투자조합으로 기관투자가 외에도 법률에 근거하여 연기금, 외국인, 개인투자자, 중앙부처, 지자체 등이 참여한다. 보통 8년간 운영을 계획하는데, 초기 3년은 투자에 집중하고, 나머지 기간에는 투자액 회수에 집중하나, 대체로 8년 내외로 존속하는 편이며, 연 1회 지분에 대한 수익배당도 한다.

신기술조합은 금융위원회가 벤처 및 창업투자 활성화를 위해 기존 창업투자조합과 한국벤처투자조합(Korea Venture Fund, KVF)

결성만 허가했던 창업투자회사에 『여신전문금융업법』을 개편하여 신기술사업조합의 운용도 허용하여 투자범위를 중견기업까지 넓히자는 취지이다.

신기술사업투자조합은 창투조합과 KVF에 비해 자금운용이 비교적 자유로운 편이나, 기존의 창투조합과 KVF는 창업 및 벤처투자에 대한 근본적 취지를 유지하고자 투자범위와 투자방식을 제한하고 있다. 투자방식은 신주 인수(공모주 제외), 무담보 CB/BW 인수, 지분 취득(구주 제외), 신제품 및 신기술 개발사업(프로젝트) 투자 등으로 명시하고 있고, 적격자산에 대한 투자의무비율은 3년 이내 40%로 규정한다.

벤처조합은 벤처기업에 투자하는 것을 목적으로 결성된 조합으로 『중소기업 창업지원법』에 근거한 중소기업창업투자조합, 『여신전문금융업법』에 근거한 신기술사업투자조합, 『벤처기업육성에 관한 특별조치법』에 근거한 개인투자조합 등을 포함하는 개념이다.

대표적인 공적기관으로 한국벤처투자조합은 벤처기업에 대한 직접투자와 벤처캐피탈의 출자 등을 목적으로 1999년 산업자원부 산하의 중소기업청(현 중소벤처기업부)이 결성한 벤처펀드이다. 펀드의 운용은 SSgA 등 외국인투자회사 3개 사와 국내 투자자문회사가 공동으로 설립한 KVF운용회사에 위탁되어 있고, 투자의사는 KVF운용회사의 주주인 4개 회사의 대표로 구성된 투자심사위원회에서 결정된다.

[도표] 벤처캐피탈의 비교

구분	창업투자조합	벤처투자조합	신기술조합
근거	중소기업창업지원법	벤처기업육성에 관한 특별조치법	여신전문금융업법
관할	중소벤처기업부	중소벤처기업부	금융위원회
주체	창업투자회사	창업투자회사 유한회사(LLC) 신기술사업금융회사 외국투자회사	창업투자회사 유한회사(LLC) 신기술사업금융회사 PEF운용사 그외 은행 보험, 신보, 기보 등
요건	조합원 49인 이하 최소출자금 30억원 존소기간 5년 이상	모태펀드 출자 필수 이하 좌동	규정 없음
투자	중소벤처기업에 대한 신주, 무담보CB, BW 인수 지분의 취득	중소벤처기업에 대한 신주, 무담보CB, BW 인수 유한회사의 출자인수 창업투자조합 출자	신기술사업 중소기업 및 중견기업에 대한 채무증권, 지분증권, 수익증권, 투자계약증권, 투자, 융자

또한 민간의 대표적 투자조합은 1999년 자본금 200억으로 설립된 삼성벤처투자가 있는데, 삼성그룹의 삼성전자, 삼성전기, 삼성전관(현 삼성SDI), 삼성중공업의 4개 계열사가 공동 출자하였으며, 2014년 삼성전자의 투자로 총 2,600억원 규모의 벤처조합으로 결성되어 있다.

벤처캐피탈들이 벤처기업을 평가하는 방식에 따라 대략 세가지의 벤처캐피탈 회사로 분류하고 있다. 첫째는 평가대상 기업의 위험관리능력을 집중적으로 평가하는 유형, 둘째는 평가대상 기업에 최소한의 조건만 부과하고 다양한 신청제안을 평가하는 유형, 셋째는 충분한 담보능력이 확인되어야 투자를 수행하는 위험회피형으로 대상기업이 위험하면 즉시 담보를 처리하여 원금을 회수하려는 유형이다.

③ 벤처캐피탈의 투자현황

　벤처캐피탈 등이 투자할 수 있는 벤처기업의 수는 해마다 증가하는 추세이다. 벤처기업의 수는 2010년부터 연평균 4.4%씩 증가하여 2017년까지 35.1% 증가된 33,289개이고, 연평균 매출은 2010 72.2억원에서 2017년 68.5억원으로 약간 감소되었다. 또한 2010년부터 2017년까지 벤처기업의 종업원수, 자기자본비율(%) 및 부채비율(%)의 재무상태 등도 큰 증가가 없거나 약간 감소하고 있다.

[도표] 벤처기업의 현황 (단위: 개)

구분		2010	2012	2014	2016	2017
벤처기업수		24,645	28,193	29,844	31,189	33,289
평균매출액		72.2	67.2	71.9	69.2	68.5
평균종업원수		27.3	24.7	24	23.3	22.9
재무 상태	자기자본비율(%)	41.2	40.6	42.6	39.2	40.9
	부채비율(%)	142.7	146.1	134.5	155.4	144.6
특허권 보유현황		2.9	3.5	4.2	4.5	5.4

※ 출처: 통계청 e-나라지표 (2018.12)

　벤처캐피탈의 운용 현황을 살펴보면 2010년도보다 2017년도까지 창업투자사, 투자조합, 신규투자 모두 꾸준히 증가하는 것으로 확인되었다. 그 중에서 『중소기업창업지원법』 제10조에 따라 결성된 창업투자회사는 2010년도 103개보다 2017년 120개로 16.5% 증가했지만, 『중소기업창업지원법』 제14조에 따라 결성된 투자조합은 2010년도 67개에서 2017년도 164개로 144.8% 증가하였으며, 신규투자 업체도 2010년도 560개에서 2017년도 1,266개로 126.1%로 상당한 양적 성장이 일어난 것으로 확인된다.

또한 벤처캐피탈의 운용자금 측면에서 투자조합의 경우 2010년
도 1.58조원에서 2017년도 4.56조원의 무려 188.2%로 거의 3배 가
까이 성장했으며, 신규투자도 2010년도 1.09조원에서 2017년도
2.38조원의 118.2%로 2배 이상 양적 성장한 것으로 확인되었다.

[도표] 벤처캐피탈의 운용 현황 (단위: 개)

구분		2010	2012	2014	2016	2017
투자조합	창업투자회사	103	105	103	120	120
	조합수	67	41	82	120	164
	결성금액(억원)	15,838	7,477	25,842	34,625	45,643
신규투자	업체수	560	950	901	1,191	1,266
	신규투자(억원)	10,910	12,333	16,393	21,503	23,803

※ 출처: 통계청 e-나라지표 (2018.12)
※ 신규투자는 창투사(조합)이 창업 7년 이내 기업 및 벤처기업의 신주, 무담보 CB, BW
에 투자를 의미

2017년도 신규로 결성된 투자조합의 출자자 비중은 금융기관이
30.9%로 가장 높았고, 그 중에서 산업은행(산은)과 정책금융공사
(정금)이 24.5%를 차지하는 것으로 확인되었다. 그 다음으로 출자
자 비중이 높은 곳은 24.5%의 정책기관으로 확인되었는데, 그 중
에서 모태펀드가 5.2% 비중이었다. 그러나 전체 출자자 비중에서
일반법인 12.4%, 벤처캐피탈 11.0% 비율이었고, 연금공제회 9.5%,
기타 단체 8.9%로 확인되었다.

한편 기타단체 8.9% 중에서 2013년도 벤처생태계 촉진을 위하
여 산업은행과 기업은행 등의 정책자금과 민간투자자금으로 만든
'성장사다리펀드'가 3.2%를 차지하여 기타단체 중의 36.0% 비율을
차지하는 것으로 확인되었다.

[도표] 투자조합의 출자자 현황 (단위: %)

조합원 유형	2012	2014	2015	2016	2017.11
금융기관 (산은·정금)	18.3 (6.6)	22.7 (12.2)	24.6 (4.3)	24.6 (6.6)	30.9 (25.2)
정책기관 (모태)	40.7 (22.1)	16.5 (14.3)	29.6 (23.1)	25.0 (18.0)	24.5 (5.2)
일반 법인	10.3	9.7	14.2	15.0	12.4
벤처캐피탈	17.4	11.4	12.0	13.7	11.0
연금·공제회	9.7	20.2	4.4	10.2	9.5
기타 단체 (성장사다리)	0.7 (0.0)	13.0 (11.4)	9.6 (8.4)	8.2 (4.3)	8.9 (3.2)
개인	0.8	3.3	3.6	2.2	1.8
외국인	2.1	3.2	2.0	1.1	1.0
합계	100.0	100.0	100.0	100.0	100.0

※ 출처: 벤처캐피탈 뉴스레터 (2018.11)

벤처캐피탈이 대상기업에 투자하여 취득한 유형으로 2017년도 기준 가장 높은 비율을 차지하는 것은 44.7%의 우선주이었고, 그 다음은 22.9%의 보통주로 확인되었는데, 우선주 44.2%와 보통주 22.9%의 총 67.1%는 전체 투자액의 2/3를 차지한다. 그 외에 전환사채(Convertible Bond, CB) 및 신주인수권부 사채(Bond with Subscription Warrant, BW) 12.1%, 프로젝트파이낸싱 11.5%, 기타 9.2%로 확인되었다.

그런데 보통주 22.9%에 비해 우선주가 44.2%로 2배 정도 많은데, 그런 경향은 2012년부터 2017년까지 계속 우선주가 1.9~2.3배로 높은 경향이다. 그런 배경으로는 투자자들이 직업적으로 회수불능에 대한 트라우마 때문에 1%의 배당이라도 더 확보하고자 하는것일 수도 있을 것이고, 또는 우선주를 취득함으로서 경영에는 거의 간섭을 하지 않으려는 창업자와 사전의 협의의 결과일 수도 있을 것이다.

[도표] 벤처캐피탈의 투자유형 (단위: 억원)

투자 유형	2012	2014	2015	2016	2017
우선주	4,887	6,103	8,786	10,398	10,529 (44.2%)
보통주	2,403	3,297	4,226	4,437	5,458 (22.9%)
전환사채 신주인수권 부사채	1,833	3,276	3,272	2,823	2,281 (12.1%)
프로젝트 파이낸싱	2,459	2,681	2,471	2,427	2,749 (11.5%)
기타	751	1,036	1,951	1,147	2,186 (9.2%)
합 계	12,333	16,393	20,858	21,503	20,554 (100%)

※ 출처: VC Discovery, KVCA (2018.07)
※ 투자유형의 '기타'는 해외투자와 극히 일부의 조합지분투자를 의미

벤처캐피탈의 투자사례들을 분석해보면 지역별로는 전체 31,189건 중에서 서울/인천/경기의 수도권 일대가 14,750건으로 47.5%를 차지하였다. 그 다음 대전/세종/충청/강원이 28.4%로 중부권 일대까지 비교적 높은 비율이었으나, 부산, 대구, 광주 주변은 대체로 10% 이하로 낮은 수준으로 확인된다.

지역별 투자에 대한 결론은 기업의 절반이 수도권에 있는 만큼 투자도 절반 이상이 수도권에 집중되고 있다. 구체적으로는 서울의 경기북부와 경기남부로 안양, 수원, 평택 지역까지 수도권 지역이고, 그 아래로 천안, 대전과 진천, 음성, 원주에 이르는 충청강원 지

역이 수도권 다음으로 투자가 많은 편이다. 반면에 대구, 부산, 광주의 영호남 지역은 전체를 합쳐도 24.2%로 충청강원 지역보다 낮은 것으로 확인된다.

성장단계별 투자 현황을 분석해보면 고도성장기 46.9%, 초기성장기 28.9%, 성숙기 21.1%, 창업 초기기업 2.3%로 확인되고, 업력을 기준하면 창업 4~10년 56.5%, 11~20년 31.5%, 3년 이하 5.8% 순으로 확인된다. 즉 성장단계 기준의 창업초기기업 2.3%와 업력 기준의 창업 3년 이하 5.8%로 볼 때, 역시 창업 직후에 투자를 받는 것은 현실적으로 상당히 힘들다는 것이 통계수치로 다시 확인되고 있다.

업종별 투자현황을 분석해보면 기계/제조/자동차 분야에 대한 투자가 26.6%로 가장 많고, 음식료/섬유/비금속 분야도 21.9%로 비교적 높게 나타났다. 컴퓨터/반도체/전자 분야는 11.2%, 소프트웨어개발 11.1%, 에너지/의료/정밀 분야는 6.5%, 정보통신/방송서비스 6.4%, 통신기기/방송기기 3.9%로 확인된다. 반면에 '기타'가 12.4%로 높게 나타나는데, 앞에서 언급된 전기, 전자, 소프트웨어, 정보통신, 의료 등을 제외한 나머지 모든 산업군들이 포함된 수치를 의미한다.

각 산업군의 업종별 벤처기업들에 투자된 금액을 분석해보면 도표와 같다. 가장 많이 투자된 업종은 ICT 서비스로 21.7%로 확인되며, 유통/서비스도 17.6%로 비교적 높게 나타나고 있고, 바이오/의료도 15.9%로 전체 산업군 중에서 상당히 높은 편으로 확인된다.

[도표] 벤처캐피탈 투자사례 수 현황 (단위: 건)

구분	내용				
지역	서울/인천/경기	대전/세종/충청/강원	부산/경남/울산	대구/경북	광주/전라/제주
	14,750 (47.3%)	8,868 (28.4%)	3,410 (10.9%)	2,478 (7.9%)	1,683 (5.4%)
성장단계	창업기	초기성장기	고도성장기	성숙기	쇠퇴기
	705 (2.3%)	9,009 (28.9%)	14,632 (46.9%)	6,593 (21.1%)	250 (0.8%)
업력	창업 3년 이하	창업 4~10년	창업 11~20년	창업 21년 이상	
	1,798 (5.8%)	17,611 (56.5%)	9,831 (31.5%)	2,478 (6.2%)	
업종	기계/제조/자동차	음식료/섬유/비금속	기타	컴퓨터/반도체/전자	소프트웨어 개발
	8,304 (26.6%)	6,840 (21.9%)	3,857 (12.4%)	3,487 (11.2%)	3,464 (11.1%)
	에너지 의료/정밀	정보통신/방송서비스	통신기기/방송기기		합계
	2,031 (6.5%)	1,981 (6.4%)	1,981 (3.9%)		31,189(건)

※ 출처: 국가통계포털 (2018.12)

　제조분야에 대한 투자로는 전기/기계/장비 10.1%, ICT 제조 6.6%, 화학/소재 5.3%로 22.0%로 높은 비중인데, 특히 의료기기가 포함된 바이오/의료 15.9%를 포함할 경우 37.9%로 확인된다. 한편 게임기업들이 수년전부터 중국 진출이 거의 막히면서 전체 대비한 투자금액도 2014년 10.7% 비중에서 2017년 5.3%로 절반 이하 수준이다.

　이제 벤처기업 업종별로 투자금 회수현황을 확인해보면 도표와 같다. 수익률이 가장 높은 분야는 게임으로 무려 249.4%로 확인된다. 한편 바이오/의료 분야도 186.5%로 상당히 높게 확인되며, ICT 서비스 105.2%, 화학소재 99.4%, 전기/기계/장비 56.7%, ICT

제조 30.1%로 확인된다.

[도표] 벤처기업 업종별 투자현황 (단위: 억원)

투자 분야	2012	2014	2015	2016	2017
ICT 서비스	918	1,913	4,019	4,062	5,159 (21.7%)
유통/서비스	608	2,046	3,043	2,494	4,187 (17.6%)
바이오/의료	1,052	2,928	3,170	4,686	3,788 (15.9%)
영상/공연/음반	2,360	2,790	2,706	2,678	2,874 (12.1%)
전기/기계/장비	2,433	1,560	1,620	2,125	2,407 (10.1%)
ICT 제조	2,099	1,951	1,463	959	1,566 (6.6%)
화학/소재	1,395	827	1,486	1,502	1,270 (5.3%)
게임	1,126	1,762	1,683	1,427	1,269 (5.3%)
기타	342	616	1,668	1,570	1,283 (5.4%)
외국인	2.1	3.2	2.0	1.1	-
합계	12,333	16,393	20,858	21,503	20,554 (100%)

※ 출처: 벤처캐피탈 뉴스레터 (2018.11)
※ 2017년도 '외국인' 수치는 '기타'에 포함되어 있으나 확인 불가.

[도표] 벤처기업 업종별 투자금의 회수현황 (2016년) (단위: 억원)

구분	원금	손익	현금유입	수익률(%)	순위
게임	510	1,272	1,782	249.4	1
바이오/의료	1,619	3,020	4,639	186.5	2
ICT 서비스	763	803	1,566	105.2	3
화학/소재	1,314	1,306	2,620	99.4	4
유통/서비스	576	428	1,004	74.3	5
전기/기계/장비	1,498	850	2,348	56.7	6
기타	555	291	846	52.4	7
영상/공연/음반	2,085	808	2,893	38.8	8
ICT 제조	1,513	455	1,968	30.1	9
합계	10,433	9,233	19,666	88.5	-

※ 출처: 벤처캐피탈 뉴스레터 (2018.11)

2016년도 게임분야 249.4%의 높은 수익률은 창업후 개발-출시-시장잠식이라는 절차를 고려할 때 이미 수년 전 과거시점의 투자에 대한 결과물이며, 따라서 앞서 언급된 2016년도 투자현황과 직접적인 비교는 무의미하다. 또한 지난 수년간 게임산업이 중국진출의 어려움에도 현 시점의 아주 높은 수익률은 또 다른 돌파구를 찾아 타개해나가는 것을 의미하고 있다.

또한 통계수치들을 소프트웨어 관점에서 재분석 해보면 게임 분야(249.4%)와 ICT 서비스 분야(105.2%)는 하드웨어보다 소프트웨어가 전체 제품의 대부분이라 할 수 있는 산업군이다. 그러나 제품의 전체는 아니지만 소프트웨어가 핵심모듈에 반드시 포함될 산업군으로 유통/서비스(74.3%), ICT 제조(30.1%), 바이오의료(186.5%), 전기/기계/장비(56.7%) 등이 있다.

그런 하드웨어 제품들은 내부에 대표적인 전자장치로 PCB(printed circuit board), PLC(programmable logic controller), 터치스크린, 임베디드 보드, 콘트롤러, I/O카드 등 소프트웨어와 연계가 필수적이고, 따라서 그 수익률은 분류상으로는 없지만 소프트웨어라는 수익률이 전체 업종으로 분산되어 있다고 볼 수 있다.

한편 바이오/의료분야의 무려 186.5%라는 수익률은 아마도 수년간의 임상시험 결과를 기대하는 제약산업에 대한 투자의 결과물로 생각된다. 대부분의 의료기기들은 시장규모가 크지 않은 편이고, 일부 상위 매출 아이템으로 코발트 등의 방사선, 초음파 또는 레이저 등을 조사하여 피부층 또는 몸을 투시하거나 치료하는 장치, 또는 전자기파를 조사하는 CT(computerized tomography), MRI(magnetic resonance imaging) 등의 대형장비 산업은 이미 대기업들의 점유로 자금수요가 별로 없는 편이다. 따라서 의약품, 의약외품, 건강기능성식품 등에 대한 투자의 결과물로 보인다.

투자금의 회수 유형을 분석해보면 주식의 장외매각 41.6%의 3,853억원과 채권 상환 11.1%의 1,030억원으로 총 52.7%의 4,883억원으로 가장 높다. 그 다음은 주식공개상장으로 24.9%의 2,307억원 수준이었고, 대규모 산업군들에 대한 프로젝트 파이낸싱의 회수도 14.6% 비율의 1,348억원으로 확인된다. 사실상 투자에 대한 회수방식으로 IPO를 가장 많이 거론하고 있지만, 도표를 통해 알 수 있듯이 대부분은 장외매각을 통해 투자한 지분을 처분하고, 그 다음 비율로 IPO를 통해 회수하는 것으로 확인된다.

반면에 M&A의 비율은 3.5%의 324억원으로 정말 낮은 편인데, 2012년부터 2017년까지 전체 회수유형에서 M&A 비율은 1.1%, 2.1%, 1.5%, 3.2%, 3.5% 순으로 조금씩 증가하는 추세이나, 여전히 북미나 유럽 등의 선진국들 수준에 비하면 너무 낮은 편이다.

그러한 배경에는 아직 우리 환경이 M&A에 대한 사회적으로 부정적 인식, 관련 금융기법의 미발달, M&A에 대한 전문가 부족 등이 원인으로 추정된다. 결국 그러한 여파는 전체 벤처 생태계의 선순환 구조에도 심각한 동맥경화로 작용할 것이고, 장기적으로는 기술개발에 대한 기회가 억제될 것이므로 중견기업과 대기업들이 선도적 역할을 할 수 있도록 불필요한 규제 또는 제도적 보완이 절실해 보인다.

[도표] 투자금의 회수유형 (단위: 억원)

회수 유형		2012	2014	2015	2016	2017
장외매각 및 상환	주식	2,655	3,080	3,724	3,724	3,853 (41.6%)
	채권	1,165	1,311	1,614	1,045	1,030 (11.1%)
IPO		1,220	1,411	2,784	2,817	2,307 (24.9%)
M&A		72	163	150	329	324 (3.5%)
프로젝트		1,533	1,639	1,605	1,924	1,348 (14.6%)
기타		188	217	342	476	389 (4.2%)
합계		6,833	7,821	10,219	10,315	9,251 (100%)

※ 출처: 벤처캐피탈 뉴스레터 (2018.11)

[도표] 벤처기업 업종별 투자현황 (단위: 억원)

투자 분야		2012	2013	2014	2015	2016
전체	초기	3,696	3,699	5,045	6,472	7,909
	중기	3,137	3,259	4,069	5,828	6,156
	후기	5,500	6,887	7,279	8,558	7,438
	전체	12,333	13,845	16,393	20,858	21,503
바이오/의료	초기	156	136	356	385	1,605
	중기	216	431	538	1,042	1,327
	후기	680	896	2,035	1,742	1,754
	전체	1,052	1,463	2,928	3,170	4,686
합계		12,333	16,393	20,858	21,503	20,554

※ 출처: 벤처캐피탈 뉴스레터 (2018.11)

최근의 경기상황이 장기간 지속된 저금리와 주식시장 침체 속에서 기관투자자들은 기존의 전통적 투자수단에 대한 수익성 악화에 고전하고 있다. 그 대안으로 펀드, 신탁, 직접투자, 지분투자, 대출 및 구조화증권 등 다양한 대체투자들이 있다. 또한 일반 투자자들도 대체투자에 관심이 많아지고 『자본시장과 금융투자업에 관한 법률』에 따라 투자대상이 다양화 되고 있는 중이며, 전문 자산운용사도 등장하고 있다.

그럼에도 불구하고 정보가 제한적이고 일반인들의 접근도 제한적인 이유는 기관투자자들을 대상하는 사모펀드 방식 때문이다. 또한 대부분 장기투자에 수익의 방식도 달라 직접적인 비교는 곤란하며, 펀드 해산시 수익정보가 없는 것에 대한 제도적 개선도 단기적으로 시급한 점이라 할 수 있다.

03. 주식종류 이해하기

① 주식의 개념

창업자가 사업을 하기 위해 회사를 설립하려면 운영에 필요한 인건비, 임대료, 개발비 등의 많은 비용을 예상해볼 수 있을 것이다. 그런데 차분히 계산해보면 향후 현금흐름이 원활해질 때까지 예상 외로 많은 비용을 발견하게 될 것이고, 결국 창업자는 준비해 둔 자금도 모자라면 예전 대학후배나 직장동료들과 하룻밤 도원결의로 나머지 자금을 도움 받을 수도 있을 것이다.

이것을 행정적 절차로 본다면 창업자는 은행에 가서 법인계좌를 개설하고, 그날 밤 도원결의했던 멤버들은 소요자금을 조금씩 분담하여 법인계좌에 납입할 것이다. 그 다음 지방법원 등기국에 가서 정관, 주주명부, 대표이사 취임승낙서 등의 서류를 제출하고 법인등록면허세를 납부하면 드디어 가상의 '법'적 '인'격이 탄생한다. 그리고 다시 법인등기부등본을 발행하여 관할세무서 가서 까다로운 사업자등록 절차도 마치면 완벽한 '법인'의 실체가 완성된다.

이때 각 멤버들이 법인계좌로 납입했던 금액이 '주식대금'이고, 전체 주식대금이 바로 '자본금'이며, 납입한 주식대금의 비율을 '지분율'(%)이라 하고, 납입했던 멤버들은 '주주'가 되며, 그리고 법원 등기국에 제출했던 주주들의 명단을 '주주명부'라 한다.

주주명부에 대한 지정양식은 없으나 상법 제352조(주주명부의 기재사항)에는 주주의 성명과 주소, 주식의 종류와 수, 주권의 취득일, 주권을 발행한 경우 그 주권의 번호를 기재해야 한다고 명시하고 있다.

그렇지만 법원에 등기하는 자료이면서 향후 법적분쟁의 참고자료가 될 수도 있으므로 주주명부는 주민등록번호와 연락처 등을 포함하는 좀 더 상세하고 분명한 인적사항을 표기하는 것이 바람직하다. 등기용으로 활용 가능한 주주명부의 양식과 대기업들의 공개용 분기보고서에 포함된 양식을 참고하면 도움 될 것이다.

만일 창업시기에 투자를 하게 되면 전체 자본금에 대하여 창업자와 동일하게 지분율(%)을 인정받아 어떤 차이를 모를 수도 있을 것이나, 사업의 완성도가 높아질수록 인수하려는 주식수의 지분율(%)에 대하여 납입금을 더 많이 요구할 수 있는데, 그것을 배수라 한다.

[도표] 주주명부의 양식 예시

주주	주민등록번호		주식 현황				
	연락처	주소	취득일	종류	주식수	납입금	지분율
김유신	751121-1311713		2020. 10.23	보통주	80	8,000	80%
	123-4567	서울					
김유정	770913-2154919		2020. 10.23	보통주	10	1,000	10%
	123-4568	북경					
이순신	580421-1710117		2021. 07.15	우선주	10	2,000	10%
	733-2114	평양					
합계			-	-	100	11,000	100%

그러나 '배수'란 것은 계산해보니 결과론적으로 그런 값일 뿐 큰 의미를 둬서는 안 된다. 실제 투자에서는 객관적 기준에 의해 지분율과 투자금액을 평가하여 통보하면 '을'의 입장인 창업자는 약간의 협상만 가능할 뿐, 앞서 투자한 주주의 배수가 의미있는 레버리지(leverage)로 작용하는 일은 거의 없다.

그러한 이유로 지금까지 투자는 친인척, 고향 선배, 대학 후배, 한때 같이 날밤 새우던 직장동료 등, 객관적 가치에 의한 투자보다 정적인 관계가 크게 작용했을 것이다. 그러나 엔젤이나 기관투자가들의 제도권 투자는 장기간에 걸쳐 여러 체크포인트와 평가요소로 검토하고, 온갖 의구심들을 제거해나가면서 처음으로 객관적 기준의 투자조건을 제안하는 것이다. 그래서 기존의 투자가 객관적 기준이 아닌 정적인 관계로 성사된 것이라면 그 배수는 정말 의미가 있다고 보기 어려울 것이다.

[도표] SK텔레콤의 분기보고서 주주명부 (공개용)

성명	관계	주식의 종류	소유주식		비고
			주식수	지분율	
SK㈜	본인	의결권 있는 주식	363,452	25.22	-
최태*	계열회사임원		100	0	-
장동*	계열회사임원		251	0	-
박정*	계열회사임원		1,000	0	-
계			20,364,803	25.22	-
		기타	-	-	-

※ 출처: 금융감독원 전자공시시스템 (DART) (2019.01)
※ 본 정보는 DART의 공개자료에서 일부 정보를 비공개(*)

[도표] 삼성전자의 분기보고서 주식소유 현황 (공개용)

성명	생년월일 또는 사업자번호	관계	겸직내용	보통주식	
				주식수	비율(%)
이건*	42*****	본인	-	249,273,200	4.18
홍라*	45*****	친인척	-	54,153,600	0.91
이재*	68*****	친인척	회사임원	42,020,150	0.7
삼성생*	104-**-*****	계열사	-	508,157,148	8.51
삼성물*	202-**-*****	계열사	-	298,818,100	5.01
이하 생략				27,456,227	0.46

※ 출처: 금융감독원 전자공시시스템 (DART) (2019.01)
※ 본 정보는 DART의 공개자료에서 종류주식 등 일부 정보를 배제

주식회사의 자본을 형성하는 주식은 상법 329조(자본금의 구성)에 따르면 액면주식의 금액이 균일해야 하고, 1주는 100원 이상으로 해야 하며, 주주총회의 의결에 따라 주식을 분할할 수 있다고 명시하고 있다.

회사의 자본금 형성에 참여하여 주식을 받게 되면 주식의 경제적 가치를 소유하는 것도 있지만, 지분율만큼 주주권이라는 권리와 의무가 생긴다. 주주의 권리와 의무 측면에서 주주는 여러 권리를 가지고 출자의 의무도 부담해야 한다.

이러한 권리들은 주주 1인이 단독으로 행사할 수 있는 단독주주권이 있는 반면에 상법에 규정된 일정비율 이상의 주식을 소유한 주주만이 행사할 수 있는 소수주주권으로 구분할 수 있다. 또한 주주의 권리는 공익권과 자익권으로도 구분할 수 있다.

주주의 공익권에 대하여 상법에 근거하면 주로 회사의 경영에 관한 것인데, 주식 1주마다 1개의 의결권(제369조), 주주총회가 적법하지 않을 때 결의취소의 소 제기권(제376~378조), 기명 및 무기명 주식을 서로 전환할 수 있는 주식전환 청구권(제346~351조), 100분의 1 이상의 주식 소유자는 이사의 정관 위배한 행위에 대한 유지 청구권(제402조), 100분의 3 이상의 주식 소유자는 회계장부와 서류의 열람 또는 등사(copy)를 청구할 수 있는 회계장부 열람권(제466조), 100분의 3 이상의 주식 소유자의 임시주총 소집 청구권(제366조) 등이 있다.

한편 주주의 자익권으로는 결산이익에 대한 배당 청구권(제462조), 잔여재산분배 청구권(제538조), 주권교부 청구권(제355조), 반대주주의 주식매수 청구권(제360조의5), 100분의 95 이상의 주식을 소유한 지배주주에게 지식의 매도를 청구하는 지배주주의 매도청구권(제360조의24)과 소수주주의 매수청구권(제360조의25) 등이 있다.

이와 같은 권리에 대한 책임은 상법 제331조에 따르면 '주주의 책임은 그가 가진 주식의 인수가액을 한도로 한다.'는 '주주 유한책임의 원칙'을 명시하고 있다.

주식의 발행은 법인의 설립이나 증자할 경우에 발행할 수 있다. 주식의 발행에 대한 기준은 법인 설립 때 지방법원 등기국에 제출했던 정관에 이미 명시되어 있을 것인데, 그 절차들을 법무사가 대행했거나 아니면 처음 창업이라 표준정관을 대충 수정하여 제출했다면 기억이 안날 수도 있을 것이다. 어쨌든 설립시 발행하는 주식은 향후 발행할 주식 총수의 1/4 이상이어야 하고, 나머지 미발행 주식들은 향후 자본금 조달을 위하여 증자 할 때마다 '신주' 형태로 발행하면 된다.

주식에서 '주권'이란 것은 1장의 주식을 논리적으로 몇 주로 인정해줄 것인가에 대한 권리를 의미한다. 지폐 1장을 1천원으로 지정할 것인가 1만원으로 지정할 것인가와 유사한 논리이다. 주권은 1천주권 또는 1만주권도 가능하나, 주권의 한도는 주식의 수, 주주의 수, 관리의 문제 등을 고려하여 운영될 될 것이다.

그래서 주권이 표시된 주식은 지폐와 같이 유가증권이므로 경제적 가치만큼 양도와 유통도 가능하다. 이때 양도는 상법에 따라 권리주의 양도제한(제319조), 주권발행전 양도(제355조), 자기주식의 취득제한(제341조), 모회사주식의 취득제한(제342조의2) 등으로 제한하는 경우는 있다. 또한 정관에서 주식 양도에 대하여 이사회 승인을 받으라고 제한(제335조①)할 수도 있으나, 일상적인 양도거래도 금지하는 것은 정관에 명시하거나 이사회에서 결의해서는 안 된다.

또한 발행된 신주의 주권은 앞면에 주주명을 기재한 기명주권과 기재하지 않은 무기명주권이 있는데, 이것은 서로 전환이 가능하다. 만일 주권을 분실한 경우에는 상법 제360조에 주권은 공시최고의 절차에 따라 무효화할 수 있고, 제권판결을 얻어 주권의 재발행을 청구할 수 있다고 명시되어 있다.

주식의 배당은 법인의 결산후 모든 비용을 차감하고 남은 이익을 전체 주주에게 주식의 수만큼 공평하게 배당한다. 따라서 법인의 결산에서 이익이 아닌 손실이 확인되면 당연히 배당은 없다. 배당하는 유형은 현금 또는 주식으로 가능하나, 대부분 현금배당을 많이 하고 있다. 배당하는 금액은 법인의 회기 결산 때 자본준비금과 이익준비금을 공제하고 정관 또는 주총에서 결의된 임의준비금과 임원상여금도 공제하고 남은 잔액을 배당할 수 있게 된다.

또한 미국 등지에서는 회기의 중간에 배당하는 중간배당을 시행하고 있는데, 우리나라는 2011년도에 상법을 개정하면서 삽입된 중간배당은 반기결산일을 기준으로 영업연도중 1회만 가능하고, 반드시 현금으로만 배당이 가능하도록 명시하고 있다. 금융감독원 자료를 보면 2018년도 상장사 54곳에서 9조1,000억원을 중간/분기배당을 실시했다고 한다. 한편 중간배당을 했더라도 손실이 발생하지 않는 한 대부분 연말배당도 하고 있다.

배당의 절차는 결산월 이후에 주주총회를 통해 공시후 배당을 진행한다. 그리고 연말배당을 기준으로 2018년의 경우 12월 27일이 배당락일인데, 주식을 12월 26일 오후 6시까지 보유하고 있거나 신규로 매수하면 연말결산의 배당 대상자가 되며, 그 중 12월 결산법인은 3월말 금요일 오전 9시에 주주총회가 열리고, 4월 중순경에 개별 증권계좌로 주식보유에 따른 배당금이 입금된다.

② 주식의 종류

주식은 개정된 상법에 따라 가장 일반적인 보통주(common stock)와 일부 권한의 제한이 있는 종류주식(class stock)으로 대별될 수 있다. 종류주식은 기존의 우선주가 해당되는 우선주식(preferred stock), 의결권 배제 또는 제한이 있는 주식, 상환주식(redeemable share), 전환주식(convertible share), 이들을 혼용한 주식으로 구분할 수 있다. 그러나 본 내용에서는 비교적 쉬운 이해를 위해 보통주와 우선주에 대해서만 비교하고자 한다.

보통주는 주식으로 가장 대표적인 것이고, 보통주에 비하여 의결권(voting rights)은 동일하나 이익의 배당이나 잔여재산의 분배에 우선권을 가지는 우선주가 있다. 또한 보통주의 배당후에 배당을 받는 후배주(deferred stock)가 있고, 이익의 배당에는 보통주에 우선하나 잔여재산 분배에는 뒤에 받는 혼합주(complex stock)가 있다.

보통주(common stock/미, common share/영)는 우리가 흔히 알고 있는 주식회사의 가장 일반적인 주식이고, 주주로서 모든 권한을 부여받는 주식이며, 다른 주식에 대하여 일종의 기준이 되는 주식이다. 그래서 회사가 우선주는 발행하지 않아도 무관하나, 보통주는 반드시 발행하는 것일 정도로 중요하다. 또한 주식시장 거래에서도 가장 활발하게 거래되는 주식이다.

보통주의 권리는 공익권 측면에서 주주총회의 의결권, 이사 및 가사의 선임 및 해임 청구권, 주주총회 수집권 등을 행사할 수 있다. 이러한 권리는 단 1주만 보유하고 있어도 권리 행사가 가능하나, 다만 대부분의 결의가 주주총회의 과반수 동의를 요구할 것이므로 단 1주의 주식에 대한 의결권의 영향력은 기대할 것이 없을 뿐이다.

보통주에 대한 경제적 이익과 관련되는 자익권으로는 이익배당 청구권, 잔여재산분배 청구권, 신주인수권, 주식전환 청구권 등에 대한 권리를 청구할 수 있다. 즉 회사에 이익이 발생하여 중간결산 또는 연말결산할 때 이익배당을 받거나, 회사의 정리할 때 잔여재산에 대한 분배를 받을 수 있다.

보통주는 회사의 매출실적이 불량하면 배당을 받지 못하고, 잔여재산분배에 우선순위도 없으나, 다시 매출실적이 양호하여 순이익이 많으면 높은 이율의 배당이 가능하므로 약간의 투기적 성격이 있는 주식이다. 또한 보통주는 법인의 청산 파산 후에는 아무것도 챙길 수 없는 단점이 있다.

우선주는 주주총회의 의결권(voting right)이 없으나, 보통주에 비하여 배당을 1% 우선적으로 더 받을 수 있다. 또한 우선주의 배당이 완료될 때까지 보통주에는 배당금을 지급하지 않는다. 법인의 파산시에도 잔여재산에 대한 분배 우선권이 있다.

우선주가 우선적으로 배당을 받고도 이익이 남는다면 보통주와 함께 추가적 배당을 받을 수 있는 참가적 우선주, 당해 영업연도에 우선배당을 못 받으면 다음 영업연도에 보상받을 수 있는 누적적 우선주 등이 있다. 한편 주식시장에서 우선주의 표기는 '회사명+우'

로 표기하여 구분된다.

그러나 우선주는 현실적으로는 보통주에 비해 대단한 실익은 없고 인식도 좋지 않은데다 의결권마저 없어 주식시장에서는 보통주보다 낮은 가격으로 거래된다. 예를 들어 회사가 파산했을 때 우선주보다 회사채의 변제권이 더 우선적일 것이므로 의미가 없게 된다. 회사채나 은행대출은 이자가 두렵고 유상증자는 최대주주의 지분희석이 두려운 재무구조가 취약한 기업들이 우선주를 많이 발행하려다보니 인식도 좋지 않다.

또한 우선주에 대한 배당이 국내의 경우 미국보다 낮은 편이다. 그 외에도 의결권이 없으니 대주주가 보유할 리도 없고, 주인 없는데다 주식수도 많지 않으니 급등락하는 경우도 많으며, 결국 그런 성향들과 관련하여 작전세력들의 싹쓸이로 주가조작의 표적이 되기도 쉽다.

다만 우선주의 배당률이 아주 높게 설정되어 있을 때, 또는 대주주의 지분율이 너무 높아 보통주의 의결권 가치가 별 의미가 없을 때에는 우선주도 보통주 이상으로 주가가 높아질 수도 있다. 어쨌든 우선주는 거래량도 많지 않고 인식도 좋지 않아 단기 매매대상으로는 권장되는 편은 아니다.

후배주(deferred stock)는 우선주와 반대로 자익권의 순위가 보통주보다도 낮고, 대부분 발기인이 보유하기 때문에 미국에서는 발기인주(founder's share, promoter's share) 또는 경영자주(manager's share)라고도 하는데, 국내에서는 아직 후배주가 발행된 보고는 없는 것으로 보인다.

액면가를 기재하는 관점에서 액면주식과 무액면주식으로 구분할 수 있다. 액면주식은 주식의 앞면에 액면가가 기재되어 있는 것이고, 무액면주식은 주식수만 기재되어 있는 주식이다. 미국이나 일본은 무액면주식이 보편화되어 있으나, 국내에서는 상법에 근거하여 1주당 100원 이상의 액면주식만 발행 가능하다.

소유자 명의를 기재하는 관점에서 기명주식과 무기명주식이 있다. 기명주식은 주식의 앞면에 주주의 이름이 기재되어 있고, 무기명주식은 주주이름이 없는 주식이다.

법인이 설립되어 지금까지 발행한 주식들은 이제 구주이고, 새로 증자할 때 발행하는 주식은 신주이다. 또한 결산시 이익의 일부를 회사의 자본금으로 유입하는 증자를 무상증자라 하고 그 때 발생된 신주를 무상주라 하며, 새로운 주주들에게 현금을 받고 자본금을 증자하는 유상증자에서 발행된 신주를 유상주라 한다.

제5장

크라우드펀딩 이해하기

01. 크라우드펀딩 이해하기

창업을 생각해보면 기술과 아이디어는 좋은데 자금이 부족하여 엄두도 못 내는 사람들이 많다. 그러한 상황에서도 국가나 기업에서 창업 지원금을 지원받아 창업을 시작하는 이들이 많다. 반면에 많은 경우가 그렇듯이 자금에서 한계가 드러나면서 창업의 길은 엄두도 못내는 이들이 많다.

그러나 창업자 입장의 그러한 자금조달의 어려움은 한결 해소될 것으로 보인다. 이는 자금이 부족한 창업자들에게 좋은 길이 되어주는 창업 방식이 있기 때문이다. 이미 많이 알려진 '크라우드펀딩' 방식의 창업이 그것이다.

최근에 극장에서 개봉한 몇몇의 영화들 중에서는 그동안 우리가 알지 못했던 공통점을 가지고 있다. 그것은 바로 영화 관람하기를 희망하는 사람들이 스스로 소액의 투자를 통해서 개봉이 성사되었다는 점이다.

2016년 재난 블록버스터 영화로써 화재를 낳았던 '판도라'의 경우에는 펀딩을 시작한지 13일 만에 크라우드펀딩 사상 최고 금액인 7억원을 달성하였고, 흥행 성공으로 손익분기점을 돌파함으로써 수익률도 올라갔다.

또한 영화 '재심'에서는 스토리 펀딩을 통해서 '약촌오거리' 사건의 '재심 프로젝트'를 진행하였고, 무죄 판결을 이끌어내면서 사회적인 방향을 일으키는데 성공하였다.

[그림] 크라우드펀딩을 통한 영화들

이렇듯 새로운 문화상품에서 익명을 다수에게 투자를 받아서 새로운 결과물을 만들어내는 펀딩방식을 흔히들 '크라우드펀딩'이라고 말한다.

크라우드펀딩(crowdfunding)은 대중을 의미하는 크라우드(crowd)와 자금조달을 의미하는 펀딩(funding)의 합성어다. 창의적인 아이디어나 지식재산을 보유하여 사업화를 하려는 기업들에게 기업활동의 과정에서 일반적인 대중들로부터 아이디어나 피드백 등의 참여를 받아서 이익을 공유하는 크라우드소싱(crowdsourcing)의 한 형태라고 할 수 있다.

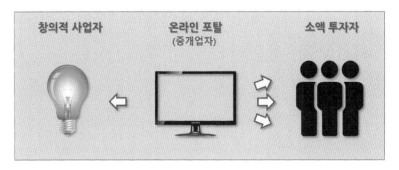

※ 출처: 2015 대한민국 크라우드펀딩 컨퍼런스

[그림] 크라우드펀딩 개념도

크라우드펀딩은 전통적으로 금융기관에서 주된 역할이었던 자금의 수용자 및 공급자 간의 중개업무에 대해서, 제3자인 온라인 플랫폼 업체가 대신 수행하는 것으로 볼 수 있다. 이는 서로에 대한 정보의 접근성을 높여서 자금 수요자에게는 새로운 자금을 조달할 수 있는 창구를 제공하고, 투자자에게는 새로운 투자의 대상을 제공하는 것으로 해석할 수 있다.

[도표] 전통적인 자금조달 방식과 크라우드펀딩 비교

구분	대출	증권발행	크라우드펀딩
주요 채널	은행	증권시	온라인 플랫폼
금융 형태	간접금융	직접금융	직접금융
주 수익원	대출 이자	중개 수수료	중개 수수료
자금수요자 (투자/후원대상)	개인, 기업	기업	개인, 기업, 비영리단체 등
자금공급자 Pool	넓음	넓지 않음	넓음

원래 크라우드펀딩이 탄생하게 된 배경에는 지금처럼 투자가 목적이 아니라 사회적 이슈나 예술 등에 대하여 일부 지지층을 대상으로 보상을 바라지 않는 순수한 후원이라는 동기에서 시작되었다. 1997년 영국의 락밴드 그룹 Marillion이 밴드공연을 위해서 인터넷 이메일을 통해 앨범의 구매를 요청하였고, 팬들로부터 6만 달러의 자금을 조달한 것이 최초의 사례로 볼 수 있다. 그리고 이러한 보상을 바라지 않는 투자자의 이해가 맞물리며 다양한 유형으로 발전하게 되었다.

크라우드펀딩은 자금의 모집과 보상 방식에 따라 후원형, 기부형, 대출형, 투자형의 형태로 구분하여 볼 수 있다. 후원형과 기부형의 크라우드펀딩은 후원금이나 기부금 형태로 자금을 모집하며 보상은 없거나 비금전적인 보상을 한다. 주로 예술이나 복지분야에서 이루어지고 있다. 대출형의 크라우드펀딩은 대출의 한 형태로써 자금유치 이후에 원금이나 원리금을 상환하는 형태로써, 대부중개업체를 통한 긴급자금의 공급으로 활용된다. 투자형 크라우드펀딩은 주식이나 채권의 발행으로 자금모집이 이루어지며, 이익배당을 통해서 보상을 하는 방식이다.

[도표] 크라우드펀딩 유형 분류

구분	유형	보상방식	자금수요자	대표 플렛폼
비수익형	보상형	티켓 시제품 등	문화, 예술	Kick starter
			아이디어 상품	Indiegogo
	기부형	-	문화, 예술	Gofundme
			복지	Kiva
수익형	대출형	이자	개인	Lending Club
			개인사업자	Zopa
	증권형	주식 채권 등	창업기업	Crowdcube
			성장초기 기업	Seedrs

(1) 해외 크라우드펀딩 현황

이제 전 세계에서 크라우드펀딩을 통하여 조달되는 자금은 점점 증가하는 추세이다. 2013년 크라우드펀딩 연구단체 Massolution이 집필한 크라우드펀딩 산업보고서(crowdfunding industry report)에 따르면, 세계적으로 1백만명 이상의 개인이 크라우드펀딩을 통해 캠페인을 재정적으로 지원했다고 보고되었다.

크라우드펀딩 산업의 규모적 측면을 본다면 2012년에는 27억 달러(약 2.92조원)이었고, 2018년에는 93.7억달러(약 103.1조원)에 이르는 것으로 전망되며, 향후 4년간 연평균 29%의 높은 성장률을 보여 2022년에는 259.2억달러(약 285.1조원)으로 확대될 것으로 전망하고 있다. 특히 북미지역을 중심으로 신뢰성이 높은 플렛폼을 다수 보유한 곳에서 크라우드펀딩 시장을 주도하고 있는 상황이다.

영국의 크라우드펀딩 데이터맵을 만드는 기업인 크라우드 데이터 센터(The Crowd Data Center)에 따르면, 2014년까지 약 4백만명 이상의 개인들이 7만5천여 프로젝트의 크라우드펀딩에 참여했다고 보고되었다. 그리고 이러한 크라우드펀딩은 게임, 영화, 디자인, 기술 순위로 인기가 높았으며, 특히 기술분야의 경우에는 펀딩 성공률이 높은 것으로 나타났다. 이처럼 크라우드펀딩의 상승세는 향후에도 지속적으로 이어질 것으로 전망된다.

반면에 아시아지역도 중국을 중심으로 매년 300% 이상 빠르게 성장하고 있는 상황이다. 특히 세계적인 전자상거래업체인 '알리바바'와 '징동닷컴'이 각각 '타오바오중처우'와 '징동중처우'라는 대표 플랫폼업체를 운영하고 있다. 이러한 크라우드펀딩 시장에서 제공되는 펀드는 대출형이 전체 시장규모의 70%를 차지하고 있다. 이는 대출형이 다른 펀드 유형 대비 빠른 자금조달과 보상획득이 가능하다는 점에서 자금의 수요자와 투자자에게 어필하고 있기 때문이다.

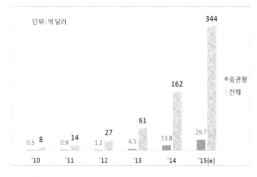

※ 출처: Massolution, Crowdfunding Industry Report(2015)

[그림] 세계 크라우드펀딩 시장 현황

(2) 국내 크라우드펀딩 현황

국내에서는 2007년에 대출형(P2P) 크라우드펀딩이 시작되었으며, 2011년 기부와 후원 형태의 크라우드펀딩이 추가되었다. 그리고 2016년 1월부터 증권형 크라우드펀딩이 시행되고 있다.

현재 국내의 투자형태의 크라우드펀딩 시장규모는 2016년 기준으로 약 338억원 규모를 나타내고 있으며, 해외 규모는 약 18억 7,800만 달러 규모로 예상된다.

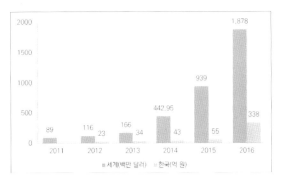

※ 출처: Massolution, Crowdfunding Industry Report(2015)

[그림] 국내외 증권형 크라우드펀딩 규모 전망

국내의 크라우드펀딩은 자금을 필요로 하는 수요자들을 대상으로 소셜 네트워크를 통한 불특정다수(crowd)의 참여를 통해서 자금을 모으는 활동을 이행하고 있다. 국내에서 크라우드펀딩 플랫폼을 운영하고 있는 사업자는 어머니컴퍼니, 오퍼듄, 오픈트레이드 등 약 6개 업체들이 있다.

[도표] 국내의 주요 크라우드펀딩 플랫폼 사업자들

기업	분류	내용
오마이컴퍼니	후원	사회적 기업을 지원하는 크라우드펀딩
오퍼듄	지분투자	혁신형태의 벤처/중소기업을 지원하는 크라우드펀딩
오픈트레이드	지분투자	사모방식의 온라인 투자의향 접수형 크라우드펀딩
와디즈	기부	프로젝트 중심의 보상 제공형 크라우드펀딩
위제너레이션	기부	유명인사가 지원하는 기부형 크라우드펀딩
팀블벅	후원	문화/예술/기술 등 혁신적인 프로젝트를 지원하는 크라우드펀딩

※ 출처: 각 사 홈페이지

　　최근에는 다양한 창작분야의 종사자와 스타트업을 지원하거나 후원 또는 기부방식의 크라우드펀딩이 증가하고 있는 추세이다.

　　㈜카카오(Kakao)의 경우에는 창의적인 뉴스 콘텐츠 개발을 위하여 기존 후원형태의 크라우드펀딩 서비스인 '뉴스펀딩'을 책, 음악, 영화, 신기술 등 새로운 창작물의 생성을 위한 '스토리펀딩(story funding)'방식으로 확대 개편하였다.

　　㈜한글과컴퓨터의 경우에도 그룹 내 심사위원과 한중일 펀딩기업이 직접 발굴한 스타트업을 지원하고 후원과 기금을 제공하는 크라우드펀딩 서비스인 '드림시스'를 운영하고 있다.

　　㈜큐랩의 경우에는 게임전문 기업을 대상으로 크라우드펀딩 플랫폼인 '텐스푼'을 출시하여 운영하고 있다. 특히 경기콘텐츠진흥원과 협업을 통하여 각종 펀딩 프로젝트를 진행하고 있는 상황이다.

02. 크라우드펀딩 특별 이해하기

크라우드펀딩의 가장 큰 매력을 한마디로 말한다면 '꿈을 이룰 수 있도록 기회를 준다.'라고 할 수 있을 것이다. 실제로 크라우드펀딩을 통해서 생각으로만 가능했었던 일들을 현실에서 실현할 수 있기 때문이다. 한국의 경우에는 크라우드펀딩이 많이 활성화되지 않았으나, 해외에서는 이미 크라우드펀딩이 활성화되어 많은 펀딩 성공사례들이 나타나고 있다. 특히 크라우드펀딩에서 상상을 초월하는 사례들이 나타나는 국가도 있는데 바로 중국이다.

중국에서는 꿈과 같은 일들이 많이 이루어지고 있다. 이미 중국 내에서는 크라우드펀딩을 통해서 그저 꿈으로 남을 수 있었던 제품을 출시하는 사례들이 나타나고 있다.

65,248명이 펀딩에 참여하여 169억원의 펀딩을 성공하여 꿈과 같은 제품을 만들게 된 이야기가 있다. 중국에 신생 드론 제조업체인 '파워비전'은 달걀 모양의 드론인 '파워에그(power egg)'를 시장에 출시하기를 희망했다. 그러나 신생기업에게는 이 드론을 시장에 선보이는 것이 어려웠다. 바로 자금이라는 어려움 때문이었다. 파워비전은 이러한 어려움을 극복해서 시장에 제품을 선보이고자 중국의 대표적인 크라우드펀딩 업체 JD크라우드를 통해서 해당 제품의 펀딩을 시작했다.

※ 출처: JD크라우드

[그림] 파워에그 크라우드펀딩

파워비전이 출시하고자 했던 파워에그 제품은 타원형 모양으로 배낭 속에 쉽게 들어가는 이 드론으로 최대 5 km 밖에서도 조종이 가능하며, 23분 동안 연속 비행이 가능한 제품이었다. 또한 초고화질 카메라도 탑재하고 있었다.

펀딩은 1위안, 88위안, 7888위안, 8388위안, 8만3880위안의 다섯 가지 방식으로 진행했다. 1위안을 펀딩할 경우에는 5,000:1의 추첨 기회를 제공했다, 그리고 당첨자에게는 제품구매 비용 5,000위안을 지원했다. 88위안을 펀딩한 펀딩자에게는 한정판 티셔츠와 500:1의 추첨 기회를 제공했다. 그리고 7,888위안 펀딩자에게는 판매가격이 9,076위안 상당의 '파워에그'제품을 출시 직후 가장 먼저 전달했다. 그리고 최고액인 83,880위안 펀딩자에게는 100,000위안 상당의 파워에그 10세트를 제공했다.

크라우드펀딩은 대성공적으로 마쳤다. 65,248명이 펀딩에 참여했고 169억원의 펀딩 모금액을 달성했다. 파워에그는 2016년 두 차례의 제품 시연회를 마친 이후에 투자금을 토대로 그해 9월에 본격적인 양상에 들어갔다. 그리고 세계최대 가전쇼인 '2017 CES'에서 파워에그는 올해의 멋진 제품에 이름을 올렸다.

告別繁琐操控，轻松变身航拍达人

※ 출처: JD크라우드

[그림] 파워비전의 파워에그

이뿐만이 아니라 중국 내에서는 전기스쿠터 분야에서도 상상을 초월하는 크라우드펀딩이 성공한 사례가 있다. 바로 샤오누 스마트 전기 스쿠터 M1이 그 사례이다. 2016년 중순에 JD크라우드에서는 전기스쿠어 펀딩으로만 투자자는 96,332명이었고, 모금액은 약 8,138만 위안이 모금되었는데, 처음 기대한 목표액 대비하여 1,653%를 달성했다.

※ 출처: JD크라우드

[그림] 샤오뉴의 M1 전동스쿠터

샤오누 스마트 전기 스쿠터가 펀딩에 선공한 이유는 여러 가지가 있을 것이다. 그러나 가장 큰 성공요인은 펀딩에 투자한 금액에 따라서 투자자에게 제공하는 이익에 차등을 주었다는 점일 것이다. 본 제품 모델에 따라서 샤오누는 각각 3,299위안, 3,999위안, 6,299위안을 투자한 사람들은 출시 후 가장 빨리 제품을 받을 수 있는 혜택을 제공했다. 이를 통해서 최고가인 6,299위안 제품에 대해서 1,322명이 펀딩을 진행했다.

중국 이외에 미국에서도 크라우드펀딩에 성공한 사례는 나타나고 있는 추세이다. 특히 미국 영화부문을 보면, TV시리즈 'Veronica Mars'가 크라우드펀딩을 통해서 성공한 사례이다.

Veronica Mars는 2007년 미국 내에서 방영이 취소된 뒤 작가 Rob Thomas는 스토리라인을 영화 각본으로 각색했었다. 그러나 워너브라더스는 이 프로젝트에 대해서 지원하지 않기로 결정하여

판권에서 발을 빼게 되었다. 이러한
상황에서 2013년 3월 Rob Thomas
와 Veronica Mars 시리즈의 주연배
우인 Kristen Bell은 킥스타터를 통
해서 제작비를 모금하는 펀딩을 시
작하였다. 그리고 최소 10달러부터
기부를 받아 기부 액수에 따라 차등
적인 보상을 준비하였다.

Veronica Mars 영화를 위한 킥
스타터의 제작비 모금 캠페인은
시작한지 10시간 만에 2백만 달러
(약 20억 원)를 마련했다. 그리고

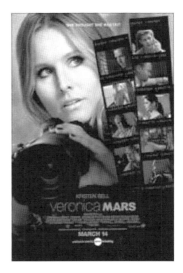

※ 출처: Kickstarter - The Veronica Mars
Movie Project

[그림] 영화 Veronica Mars 포스터

킥스타터 캠페인 중에서 가장 단시간 안에 1백만 달러 및 2백만 달
러를 달성한 기록이 되었다. 동시에 가장 적은 후원자들로 가장 큰
규모의 모금을 달성한 캠페인이 되었다.

크라우드펀딩을 통하여 570만 달러의 모금이 완료된 후, 워너브
라더스는 영화의 디지털 배급에 참여하기로 결정하게 된다. 그리고
'베로니카 마스'는 2014년 3월14일 개봉하였고 총 600만 달러의
제작비가 투입되어, 348만 달러의 전 세계 박스오피스 수입 성적을
올리게 된다.

03. 크라우드펀딩 문제 이해하기

크라우드펀딩은 국내에서도 규모 면에서 매우 크게 발전하고 있으나, 내용을 들여다보면 오히려 잘못된 방향으로 가고 있다는 우려도 제기되고 있다. 이러한 우려에 대한 대표적인 예는 대출형 크라우드펀딩 중심으로 나아가고 있다는 점이다.

일반적으로 크라우드펀딩으로 인식되는 유형은 후원형이다. 이것은 흔히들 보상형이라고 표현되기도 한다. 예를 들자면 소형청소기를 만드는 회사에서 크라우드펀딩을 통해 자금을 조달하고 투자자에게 소형청소기 시제품을 보내주는 형태이다. 이는 일종의 통신판매(인터넷판매)와 유사하며, 세금이 부과되지 않는 문제점을 가지고 있다.

또한 크라우드펀딩의 본질과 같이 인식되어온 무담보 저리의 소액대출인 마이크로파이낸싱의 개념과는 다르게 대출형태가 있다. 대출형태는 흔히 '돈 놓고 돈 먹기'와 유사한 유형이다. 특히 대출형 크라우드펀딩의 금리는 고금리이지만 대부업체보다는 낮다. 문제는 개인 간의 돈을 거래하게 되면 사채가 될 수 있기 때문에 투자자들이 대부업자로 등록해서 법적제한을 받도록 하고 있다는 점이다. 이는 크라우드펀딩업체가 대부업체나 저축은행을 끼고 돈을 빌려준다는 얘기다. 이러한 문제점을 모른 채 크라우드펀딩의 순수한 본질만을 믿고 있는 사람들은 대부업과 함께 하는 대출형 크라우드펀딩의 실체를 알지 못하고 있는 것이 대부분이다.

KB금융지주경영연구소에 따르면 과거 대출형 크라우드펀딩 기업인 '머니옥션'과 '팝펀딩'의 평균 금리는 연 26.2%로, 대부업 37.3% 보다는 낮았지만 기존 은행 7.8%, 저축은행 15.7% 보다는 높았다.

또한 투자자 보호의 문제도 발생할 수 있다. 발행회사는 초고위험을 수반하고 신생기업 중 3년 내 도산하는 기업이 70%이상이 되는 상황에서 공시에 나온 내용만으로는 투자여부를 판단하기에 너무 부족하므로 이러한 정보의 비대칭성 때문에 투자자의 위험이 매우 크다. 기업자금조달은 일정부분 투자자 보호를 해야 하는데, 우리 사회가 개인신용에는 지나치게 엄격한 반면 각 기업들의 신용은 제대로 인지하기 어렵다는 사회적 기준에도 심각한 문제가 있다.

또 다른 문제는 크라우드펀딩의 참여자들에게 문제점이 발생할 수 있다는 점이다. 한 예로 해외 크라우드펀딩 사이트에서 펀딩에 성공하였던 영국 Torquing Group의 '자노(Zano)' 사례가 있다. 자노는 크라우드펀딩 사이트에서 소개된 드론 중에서 가장 많은 금액이 모금된 제품 중 하나이다.

미국 소셜 펀딩사이트인 '킥스타터(Kick-Starter)'에서 소개된 이후 약 230만 파운드(약 33억원)의 투자유치에 성공한 것이다. 또한 펀딩에 참여한 사람도 12,000명 이상이었다. 펀딩에 성공한 가장 큰 이유는 손바닥 크기의 작지만 귀여운 디자인과 연습이 필요없는 쉬운 조종, 고품질 카메라 등이 드론에서 제공되기 때문이었다.

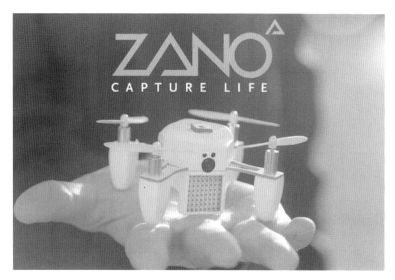

※ 출처: Kickstarter - ZANO Nano Drone

[그림] 킥스타터에서 펀딩에 성공한 '자노'

그런데 자노를 제작한 기업은 토킹 그룹(Torquing Group)의 연구개발 책임자인 Ivan Reedman이 건강의 이유와 심각한 의견의 차이로 사퇴하였다는 소식이 전해지게 된다. Reedman의 사퇴원인은 기업과 의견차이라고 하지만, 영국의 BBC를 통한 보도내용을 보면 그와 다른 면이 있었다고 전해진다.

실제 투자자들이 받은 제품이 펀딩 사이트에서 보여준 프로모션 영상의 제품과 외형은 같으나 품질은 달랐다고 한다. 실제 펀딩을 통해서 제공될 자노는 비행시간이 매우 짧고, GPS도 정확하지 못했으며, 카메라 화질도 좋지 못했다. 그러나 토킹 그룹의 마케팅 책임자인 Reece Crowther와 주요 투자자들은 펀딩에 참여한 사람들에게 1차 배송을 결정했다. 그러나 이에 대하여 사퇴한 리드먼은 기업의 결정에 동의하지 않았을 것으로 보인다. 1차 배송 제품을 받은 투자자들은 '자노'의 성능에 대해서 불만을 토로했고, 인터넷에서는 '자노'에 대한 비판의 목소리가 점점 높아졌다.

이렇듯이 많은 투자자들을 통하여 거액의 투자금 유치에 성공한 기업들이 투자자들에게 제대로 리워드를 제공하지 못하는 문제들이 발생하는 이유는 무엇일까?

크라우드펀딩이라는 것은 아이디어가 있지만 그 아이디어를 현실화할 수 없는 사업가들이 제품의 개발과 생산에 필요한 비용을 조달하기 위해서 자금을 모으는 과정이다. 그런데 그러한 상황에서 근본적인 문제가 발생한다고 볼 수 있다. 즉 엄청한 제품이 실현된 것이 아니라 실현 가능성이 엄청 높다고 일방적으로 주장하는 아이디어만 존재하고 있다는 사실이다.

즉 개발의 과정에는 아이디어를 가지고 의욕적으로 출발을 하였으나, 개발 과정에 늘 그렇듯이 상상과 달리 현실적으로 기술적 한계에 부딪히게 된다. 이러한 상황은 기술의 구현 자체에 한계상황으로 발생되기도 하지만, 제품구현이 가능해도 합리적 원가 수준을 맞출 수 없을 때에도 발생되기 때문이다.

또한 아이디어를 가진 사업가들은 최대한 많은 금액을 유치하고자 매력적이고 멋진 프로모션 영상을 제작하게 된다. 그리고 이러한 프로모션 영상을 통하여 투자자들은 실제 출시될 제품에 대하여 많은 기대를 가지고 투자를 하게 된다.

그러나 실제 영상속의 제품처럼 개발은 현실적으로 곤란하거나 불가능할 때도 있을 것이고, 또는 제조원가나 공급가 측면에서 아직 상업적 타협점을 맞추기 힘들어지게 되면서 투자자들과 약속에 더 많은 시간이 소요될 수도 있을 것이다. 그렇다고 프로모션 영상이 화려하게 보이지 않거나 매력적으로 보이지 못한다면, 펀딩은 거의 실패할 가능성이 높아지게 된다. 이러한 양면성들이 결국 크라우드펀딩의 딜레마가 될 것이다.

제6장

지식재산금융 이해하기

01. 지식재산 이해하기

우리는 실생활에서 어떠한 형태를 가지고 있는 상품이나 재화에 대해서만 재산적인 가치가 있다고 생각을 한다. 실제로 대부분의 사람들은 부동산이다. 집, 자동차. TV와 같은 형태를 가진 것들에 대해서 가치를 가지고 있다고 생각하고, 이것을 소유하기 위하여 재산으로써 권리를 가지고 싶어 한다.

그렇지만 이러한 형태를 가진 것만이 재산으로써 권리를 가지는 것은 아니다. 미국이나 해외에서는 형태를 지닌 것만이 재산으로 바라보지 않고, 형태가 없는 것들, 즉 무형(無形)인 것에도 재산으로 바라보고 있다.

한국에서도 해외처럼 형태가 없는 것에도 재산으로써 가치를 부여하고자 '지식재산(Intellectual property, IP)'이라는 용어를 사용하고 있다. 지식재산이라는 것은 특허, 실용신안, 상표, 디자인 같은 산업재산권과 저작권을 통틀어서 일컫는 용어로 사용되고 있다. 그리고 지식재산에 대해서 권한을 가지는 것을 '지식재산권(Intellectual

Property Right, IPR)'이라고 말한다. 혁신적인 활동이나 어떠한 경험에 의해서 창출되어졌거나 발견되어진 지식, 정보, 기술 등에 대해서 재산적 가치로 실현된 것을 말한다. 또한 어떠한 사상이나 감정에 대한 표현, 영업이나 물건에 대한 표시, 생물에 대한 품종에 대해서도 재산적인 가치를 부여해서 '지식재산'으로 보고 있다.

지식재산권은 왜 필요할까? 지식재산권을 경영자 입장에서 본다면 경쟁자에 대한 시장으로 진입을 막기 위한 진입장벽을 구축하는 효과를 나타낼 수 있다. 또한 경쟁자의 공격으로부터 자신의 보호와 마케팅 측면에서 이점을 가질 수 있다. 특히 지식재산권을 확보하게 되면 '로열티'를 창출하게 됨으로써 재산으로써 가치를 인정받을 수 있다.

그렇다면 지식재산권은 어떤 종류들이 있을까? 일반적으로 지식재산권은 크게 '전통적 지식재산권'과 '신지식재산권'으로 구분할 수 있다. 전통적 지식재산권에서는 다시 산업재산권과 저작권으로 나눌 수 있는데, 그중 산업재산권의 대표적인 예는 특허라 할 수 있고, 저작권은 실용신안, 디자인, 상표가 해당된다.

신지식재산권에서는 크게 첨단산업재산권, 산업저작권, 정보재산권, 기타 여러 재산권으로 나누어 볼 수 있다. 첨산산업재산권에서는 반도체 설계와 생명공학기술관련 부분이 지식재산권에 해당된다고 볼 수 있다. 산업저작권의 경우에는 컴퓨터프로그램과 소프트웨어가 지식재산권으로 볼 수 있고, 정보재산권의 경우에는 데이터베이스, 영업비밀, 뉴미디어가 지직재산권에 해당된다. 기타에서는 프랜차이징, 지리적 표시, 캐릭터, 인터넷도메인 등이 지식재산권에 포함된다고 할 수 있다.

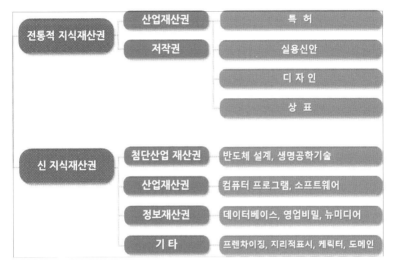

[그림] 지식재산권의 종류

02. 지식재산과 무형자산 이해하기

앞에서 지식재산을 통해서 알 수 있듯이 지식재산은 눈에는 보이지 않으나 특별한 권리를 가지고 있으면서도 가치를 지닌 재산이다. 실제로 2018년 6월에 제정된 '지식재산 기본법' 제3조에 의하면 '지식재산이란 인간의 혁신적 활동 또는 경험 등에 의하여 창출되거나 발견된 지식·정보·기술, 사상이나 감정의 표현, 영업이나 물건의 표시, 생물의 품종이나 유전자원, 그 밖에 무형적인 것으로서 재산적 가치가 실현 될 수 있는 것을 말한다.'고 정의하고 있다.

또한 조항 내에서 '신지식재산이란 경제·사회 또는 문화의 변화나 과학기술의 발전에 따라 새로운 분야에서 출현하는 지식재산을 말한다.'는 것을 명시하고 있는데, 이를 통해서 본다면 신지식재산은 지식재산에 포함이 되는 하나의 재산임을 알 수 있다.

그러므로 '지식재산권이란 법령 또는 조약 등에 따라 인정되거나 보호되는 지식재산에 관한 권리를 말한다.'는 점을 보았을 때, 지식재산에 부여된 권리를 지식재산권으로 정의하는 것으로 이해할 수 있다.

그렇다면 회계적인 관점에서 보았을 때 지식재산권은 인정이 되는 것일까? 기업회계기준서 제1038호에는 '무형자산에 대하여 물리적 실체는 없으나, 식별이 가능한 비화폐성 자산'으로 정의하고 있다. 이는 지식재산권이 회계적으로 식별이 가능하다는 것을 의미하는 것인데, 기업에서 분리하거나 분할할 수 있으며, 개별적으로 또는 관련된 계약이나 자산, 부채와 함께 매각, 이전, 라이선스, 임대, 교환할 수 있도록 분리가 가능한 것을 의미한다고 볼 수 있다.

따라서 계약상 권리 또는 기타 법적 권리로부터 발생한다고 하여 기업의 지식재산권은 무형자산의 계정으로 처리할 수 있음을 나타내고 있다.

지식재산권의 무형자산에 대하여 회계처리를 위해서는 세 가지

인식의 조건을 충족할 수 있어야 한다. 첫 번째는 무형자산의 정의를 충족하여야 한다. 두 번째는 자산에서 발생하는 미래의 경제적 효익이 기업에게 유입될 가능성이 있어야 한다. 세 번째는 자산의 취득원가를 신뢰성 있게 측정할 수 있어야 한다.

이러한 무형자산은 저작권이나 특허권 등의 지식재산권과 용역 운영권, 브랜드명, 제호와 출판표제, 컴퓨터소프트웨어, 라이선스, 프랜차이즈, 기법이나 방식, 모형, 설계 및 시제품, 개발 중인 무형자산 등이 포함된다.

기업의 지식재산권은 무형자산으로써 상법 제4절 신주의 발생, 제416조 4항에 의거하여 현물출자를 하려는 자의 성명과 그 목적인 재산의 종류, 수량, 가액 및 이에 대하여 부여할 주식의 종류와 수를 이사회 또는 주주총회 결정에 의하여 현물출자를 할 수가 있다. 그리고 이러한 현물 출자에 의한 유상증자도 일종의 자금조달에 해당될 수 있으며, 넓은 의미에서는 기술에 기반을 둔 자금조달의 한 형태라고 볼 수 있다.

실무적으로는 부채비율이 높은 중소기업 내 기존의 임원이며 주주인 사람이, 개인의 특허권을 현물 출자에 의하여 유상증자함으로써 자본금 비중을 높일 수 있다. 그리고 이러한 방식을 통하여 부채비율을 낮춰서 기업의 금융여건을 개선할 수 있다.

특허권 현물출자의 절차는 먼저 특허권 출자자의 성명과 특허권의 종류, 수량과 가액, 그리고 이에 대하여 부여할 주식의 종류와

수를 결정하는 이사회나 주주총회의를 통한 결의가 있어야 한다. 그 후에는 감정인을 선임하여 특허권의 가치를 평가 받고, 이를 감정인이 법원에 보고한 후, 현물출자자가 특허권의 이전에 필요한 등기와 등록서류를 완비하여 교부함으로 신주발행으로 인한 자본금 변경등기가 가능하다.

또한 대표이사를 포함하여 기업의 임직원이 출원이나 등록한 특허권을 직무발명보상제도에 의하여 개인에게 보상금을 지급할 수 있다. 그리고 직무발명 보상제도를 활용하여 보상금으로 유상증자에 참여할 수도 있으며, 대표이사의 경우에는 가지급금의 상환 등에 사용함으로써 기업의 재무 건전성을 개선하기도 한다.

03. 지식재산금융 이해하기

(1) 지식재산금융 이해하기

앞에서 살펴본 바와 같이 지식재산(Intellectual Property, IP)을 기반으로 자금을 융통하는 것으로 부동산이나 동산 등을 담보로 자금을 융통하는 일반금융과는 대비되는 개념을 흔히들 지식재산금융이라고 말한다. 그리고 금융을 기반으로 아이디어와 지식재산 개발과 사업화 가능성을 실현하고 활용 가치를 제고하는 활동으로써 지식재산에 기초하여 금융기능을 제공하는 제반의 활동들을 지식재산금융으로 말하기도 한다.

그렇다면 기술금융과 지식재산금융은 어떠한 차이점을 나타낼까? 일반적으로 지식재산금융과 다르게 기술금융이라 함은 기술의 개발에서 사업화에 이르는 전 과정에 소요되는 자금의 접근성 제고를 위해서 기술과 기업에 기초해서 금융의 기능을 제공하는 활동을 말한다.3) 그렇기에 지식재산금융과 비슷하게 전문적인 금융부분이라는 점은 같으나, 지식재산 금융은 기술금융의 진화된 기업금융의 한 형태인 것으로 차이점을 가지고 있다.

지식재산 금융은 크게 두 가지로 구분하여 볼 수 있다. 첫 번째는 지식재산 그 자체를 중심으로 금융을 일으키는 창의자본형 지식재산 금융이 있다. 이러한 창의자본형 지식재산금융은 주로 해외의 일반적인 지식재산 투자 방법이다. 흔히들 특허를 실행하지 않는 조직이라는 의미의 'NPE(Non-Practicing Entity)4) 라이선싱'과 소송에 활용 할 수 있는 지식재산의 매입 형식에 의한 직접투자 방식을 가리키는 것이다.

두 번째는 벤처캐피탈 형태이다. 창의자본형 지식재산금융 방법과는 달리 주로 국내에서 운용되는 지식재산 펀드의 투자방식으로 한 지식재산 연계 금융방식이다. 이는 지식재산을 중심으로 가치평가는 하되, 지적재산 자체에 대해서 투자하는 것이 아니라 지적재산의 소유 기업에 대해서 투자를 이행하는 방식이다.

---

3) STEPI Insight 2013. 09. 제 126호 혁신경제를 촉진하는 IP금융 기반구축

4) 특허전문관리회사(NPE, 特許專門管理會社): 제품생산이나 판매 없이 확보한 특허로 수익을 창출하는 회사. 특허나 사업아이디어를 매입한 후 이를 침해한 기업을 상대로 거액의 특허소송 등을 제기하여, 수익을 창출하는 회사. 특허괴물(patent troll)이라고도 부른다(매일경제2017).

[도표] 벤처캐피탈의 형태

구 분	세 부 내 용
벤처캐피탈형	• 지식재산 기업에 대한 지원 • R&D 수행 주체가 주요 인자가 되는 기술금융 모델과 동일: 기술가치 평가(기업성과 등 지표로 반영) 필요
창의자본형	• 지식재산(IP) 자체에 대한 투자 및 대출 지원 • 기업 성과 등을 반영한 기술가치평가보다는 IP에 대한 정성적 평가가 필요

※ 출처: 관계부처합동 '혁신경제 실현을 위한 지식재산 금융 활성화 방안'(2013.7)

(2) 지식재산금융의 등장 배경

지식재산금융의 등장 배경을 이해하기 위해서는 국내의 기술금융의 등장 배경에 대하여 살펴볼 필요가 있다. 먼저 국내에서 기술금융의 도입은 기술보증기금의 출범으로부터 시작되었다. 기술보증기금은 앞에서 설명하였듯이 1989년 설립되어 기업의 보증기관 기능을 하였으며, 1999년 기술적인 부분과 비 기술적인 부분에 대하여 평가를 반영한 기술평가모델을 설계하였다. 그리고 이를 바탕으로 본격적인 기술보증을 실시하는 계기로 국내에서 기술금융이 본격화 되었다고 할 수 있다.

이러한 기술금융의 본격화로 2000년 국내에서 제정된 '기술이전 및 사업화 촉진에 관한 법률'로 산·학·연에 의하여 개발된 기술들이 수요기업들에게 원활히 이전 및 사업화 되도록 기술사업화 기반이 조성되었다.

그 후 2007년 '벤처기업육성에 관한 특별조치법 제6조(산업재산권 등의 출자 특례)'를 통해서 벤처기업에 대한 현물출자 대상에는 특허권과 디자인권, 그 밖에 이에 준하는 기술과 그 사용에 관한 권리(이하 '산업재산권 등'이라 한다)를 포함한다고 명시되었다. 또한 대통령령이 정하는 기술평가기관이 산업재산권 등의 가격을 평가한 경우, '상법 제299조의 2와 제422조'에 따라 공인된 감정인이 감정한 것으로 보게 되었다. 이를 통하여 기술금융에서 현물출자를 위한 기술가치 평가가 가능하도록 되어진 것은 지식재산(IP)금융이 등장하는데 기반이 되었다고 할 수 있다.

2010년 국내최초로 지식재산 전문기업인 인텔렉추얼디스커버리 ㈜(Intellectual Discovery)가 설립되었다. 이 기업의 설립으로 지식재산의 매입 등을 통하여 지식재산 부분의 비즈니스 전문기업들이 활동하는 계기가 되었다.

그리고 2011년에 '지식재산 기본법'의 제정으로 지식재산에 대한 창출과 보호, 활용을 위한 정부정책, 추진체계가 마련되었다. 이를 통하여 지금의 지식재산 가치를 인정하고 활용할 수 있는 기반이 조성되었으며, 드디어 지식재산 금융이 본격화 될 수 있게 되었다.

한편 해외에서는 2000년대 초에 미국의 벤처기업 버블이 붕괴되면서 폐업한 기업들의 지식재산을 활용한 출구전략의 일환으로 지식재산이 투자자산으로 인식되면서 여러 가지 투자 방식으로 발전한 부분이 있었다. 그러한 현상과 맞물려서 미국의 제조업 분야 기업들은 저임금 기반의 개발도상국에서 더 이상 제조 경쟁력을 잃어

가고 있는 기업들에게 저작권료를 확보하는 방식이 나타났다. 이러한 방식을 통해서 지식재산 기반의 경쟁구도에서 우위를 갖고 가려는 의도가 미국을 중심으로 나타나면서 해외의 지식재산 금융이 발전하는데 배경이 되고 있다.

(3) 지식재산금융의 현황

지식재산금융은 지식산업과 과학기술의 급성장에 따라 전 세계적으로 그 중요성이 높아지고 있다. 특히 새로운 투자의 대안으로써 지식재산금융의 비중이 확대되고 있다. 미국의 대표 기업들인 S&P 500기업들의 무형자산에 대한 가치비중은 1975년 17% 정도에서 2015년 84%로 급증했다.

지식재산금융의 증가는 글로벌 금융위기 이후에 미국과 유럽 등의 선진 경제가 구제금융과 양적완화라는 정책을 통하여 대규모의 유동성을 공급하면서 더욱 활성화된 것이다. 실제로 2008년 글로벌 금융위기 당시에는 전통적으로 투자의 대상이 되는 부동산 등의 실물투자시장과 주식 또는 파생상품 등의 금융투자시장이 전반적으로 위축되었다. 이러한 현상은 미국에서도 부동산에 기초하여 서브프라임 모기지에 부실화가 진행되면서 금융위기가 나타났으며, 기업의 경영환경에서 새로운 개선책으로 비부동산 부분의 지적재산금융이 부각되기 시작했다.

① 해외 지식재산 대출 현황

지식재산금융 중에서도 지식재산 대출부분은 한국보다 해외의 선진 국가들이 더 많은 발달을 시작했다. 해외에서 지식재산 대출이 활성화된 국가는 미국과 일본을 들 수 있다. 미국과 일본의 지식재산 대출현상을 살펴봄으로써 지식재산 대출부분이 얼마나 발달하였는지 살펴보고자 한다.

미국의 경우에는 지식재산에 대한 투자시장의 발달로 인하여 지식재산에 대한 정책적 대출이 활성화되지도 않았지만, 공정시장경쟁 촉진을 목적으로 광범위한 중소기업 중심의 정부 보증이 주축을 이루어 왔다.

1953년 미국의 중소기업법(small business act) 제정에 따라 일반중소기업 대출(general small business loans7(a)), 소액 대출(microloan), 부동산 및 설비 대출(real estate & equipment loans: CDC/504), 재해 대출(disaster loans)이 대표적인 정부보증 대출로 볼 수 있다. 이러한 정부보증의 대출은 1982년까지는 중소기업청(SBA: Small Business Administration)이 직접대출하는 방식으로 운영되었다.

그러나 그 후 경기악화로 인하여 중소기업청의 예산이 삭감되고 무상보조금 지원 프로그램 'SBIR(Small Business Innovation Research)'이 실시되면서 중소기업청이 보증과 가이드라인(guide line)을 제시하였다. 그리고 민간금융기관이 대출을 시행하는 간접대출 방식으로 전환하게 되었다.

1982년 이후에 미국에서는 중소기업에 의한 기술의 개발과 상업화 촉진에 초점을 두고 진행된 정책으로 혁신중소기업에 대하여 무상으로 보조금을 지원하는 SBIR 프로그램을 실시했다. 구체적으로는 1억 달러 이상의 연구개발(R&D) 예산을 가진 미국 국방부와 국립표준과학연구소 등 11개 부처들이 부처별로 연구개발 예산의 2.8%를 의무적으로 중소기업에 지원하는 것이었다.

또한 미국 내 사업과 연구활동이 수행되고 미국시민(영주권자 포함)의 지분율이 51% 이상인 영리기업으로써 직원수가 500인 이하인 중소기업을 대상으로 적용하여 진행되었다. 해당 프로그램은 총 3단계의 평가를 거치며, 최종적으로 SBIR을 통하여 개발된 제품은 연방정부 조달에 우선적인 자격을 부여했다.

[도표] 미국 SBIR의 구조

단계	평가 항목	지원 내용
1단계	기술성 및 실현가능성, 사용화 잠재력 평가를 위한 제안서 검토	6개월 간 최대 $150,000
2단계	1단계 실행 결과물 평가	2년간 최대 $1,000,000
3단계	상용화 달성 여부 평가	SBIR에 의한 지원이 아니라, 후속적으로 미정부에 의하여 조달될 제품과 서비스의 R&D, 생산계약과 관련한 자금지원

일본의 경우에는 미국과 유사하게 기술혁신에 중점을 두고 1999년부터 보조금 지원정책으로 SBIR을 실시했다. 특히 정부주도의 정책금융과 은행중심의 금융시장이 발달되어 광범위한 중소기업에 대한 대출을 활성화시켰다. 일본의 SBIR 제도는 '신사업창출 촉진

법'에 따라 중소기업의 신기술 창출을 위하여 연구개발 비용에 대한 보조금을 지급해왔다. 또한 연구개발 성과를 활용한 사업활동에서는 일본정부가 100% 출자한 '일본정책금융금고'에서 대출지원을 실시했다. 즉 '일본정책금융금고'에서 중소기업정책 하에서 중소기업에 대한 장기사업자금 융자와 업종별로 수용에 맞추어 다양한 융자를 지원하는 방식이었던 것이다.

2013년 일본정부에서는 '일본재흥전략(日本再興戰略, JAPAN is BACK)'을 통해서 '중소기업과 소규모 사업자의 혁신'을 액션플랜으로 설정하고, 창업률 확대와 2020년까지 흑자중소기업 140만개로 확대하여 향후 5년간 1만개 기업의 신규 해외진출을 구체적인 KPI(key performance indicator)로 제시하였다.

이에 일본 특허청에서는 지재금융(知財金融), 즉 지적재산권(知的財産權)에 대한 금융을 추진하기 위하여 '지적재산 사업평가서5)' 사업을 실시하였다. 또한 일본 변리사회에서는 '지적재산 가치평가 추진센터'를 설치하고, 지적재산 사업평가서를 작성하는 제휴 조사기관으로 등록하고 2014년부터 평가서를 작성하고 지재금융을 지원하고 있다.

---

5) http://chizai-kinyu.jp

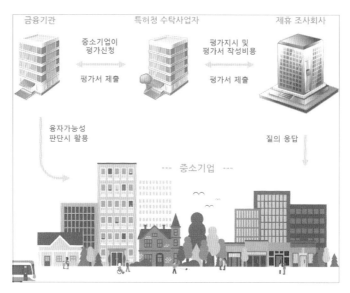

※ 출처: http://chizai-kinyu.jp

[그림] 일본의 지적재산 사업평가서 기반의 지적재산금융 절차

② 해외 지식재산 펀드 동향

지식재산금융 중에서도 지식재산 펀드부분은 대출부분처럼 한국
보다 해외의 선진 국가들에서 더 많이 발달되고 있다. 해외에서 지
식재산 펀드가 활성화 된 국가로는 미국을 들 수 있다. 미국의 지
식재산 펀드 현상을 살펴봄으로써 지식재산 펀드 분야가 얼마나 발
달되었지 살펴보도록 하겠다.

미국에서 지식재산 펀드가 활성화되어진 배경에는 금융위기 이
후에 월스트리스의 대체상품 투자 선호와 성숙한 지식거래 시장이
존재하였기 때문이다. 글로벌 금융위기 이후에 월스트리트에는 부

실을 양산화시킨 파생상품들이 급감한 대신에 위험을 충분히 흡수할 수 있는 구조의 선물옵션이나 헤지펀드가 증가하는 경향이 관찰되었다. 이러한 추세와 함께 미국에서는 신기술 흐름으로 인하여 기존의 기술기업들이 몰락하고 웹기반 기업들 중심으로 재편되면서 지식재산 시장에 매물이 증가하여 지식거래가 활성화되는 상황이 발생되었다.

그렇다면 미국 내에서 지식재산이 독립적인 투자대상이자 하나의 자산으로 급부상하게 된 배경은 무엇일까? 이러한 배경은 특허전문회사(NPE)의 출현으로 인하여 다양한 지식재산 비즈니스 모델의 등장하게 되었기 때문이다.

한 예로 InterDigital은 Qualcomm의 등장으로 인하여 통신시장에서 경쟁력이 저하되자, 보유하였던 표준특허의 라이선싱을 통하여 시장 내 권리침해 기업들에게 막대한 특허료를 수취하였다. InterDigital의 행동은 기존 특허전문회사과 동일한 지식재산 비즈니스 모델을 추구했던 것으로 볼 수 있다. 그 이유는 InterDigital이 직접 개발한 표준특허를 포함하여 시장의 표준특허까지 매입함으로써 승소율을 높이거나 기존 소송을 통한 라이선싱 계약을 체결함으로써 다른 특허를 통하여 제2차 또는 제3차로 라이선스 수익을 창출하였기 때문이다.

최근에는 미국 내 지식재산 시장에서 NPE(Non-Practicing Entity) 규제로 인하여 과거 대비 증가세는 다소 낮아졌다. 그러나 지식재산

수익화에 대한 고도의 전문성을 갖춘 대형 지식재산 펀드들을 중심으로 여전히 대규모의 투자가 진행되고 있는 상황이다. 한 예로, Acacia와 같은 대규모 지식재산 펀드뿐만 아니라, InterDigital, Vringo, Qualcomm 등과 같이 지식재산을 주된 자산으로 보유한 제조업체들, 또는 주식시장 내 자금조달이 용이한 상장기업들은 지식재산 형태의 자산에 대한 투자가 증가하고 있다.

실제로 미국에서 지식재산 투자의 주체로 헤지펀드의 투자 포트폴리오의 한 부분을 차지하는 것은 '지식재산 펀드'이다. 또한 북미에서 지식재산펀드의 운영규모가 1,000억원 이상인 대형펀드도 20여 개 존재하고 있다. 대표적인 지식재산 펀드로는 미국연기금, 골드만삭스, Evercore 은행, Lazard 은행, Wall Street Investment Banking, Altitude Capital, Fortress 등이 있다.

③ 국내 지식재산금융 현황

국내 지식재산금융은 국가경쟁력 제고를 위해서 정부주도의 보증중심 지식재산금융정책으로 지식재산금융 중에서 융자부분이 활성화되어있는 상황이다.

국내 지식재산 금융규모는 2012년 기준으로 약 7,400억원 규모이다, 전체 금융규모에서 융자는 44.7%로 가장 높았으며 보증이 19.6%이며, 투자가 35.8%의 수준을 나타냈다. 지식재산을 주체로 금융이 이루어지는 '창의자본형 지식재산 금융'의 경우에는 22% 수준이었으며, 나머지 78%는 지식재산을 기반으로 하여 기업에 대한 평가가 동반하는 형태의 금융이었다. 이러한 상황을 고려했을 때, 국내의 지식재산금융은 초기 창업기업들이 접근하는데 어려움을 가질 수 있는 초기 상태라고 할 수 있다.

[도표] 지식재산금융 투자현황

구분	유형	분류	형 태	금액(억원)	비중(%)
공공	보증	벤처캐피형	기보(특허)기술가치연계 보증	667	9.0
		창의자본형	문화산업 완성보증	782	10.6
	융자	벤처캐피형	정금공 기술기반온랜딩제도	309	4.2
		벤처캐피형	개발기술사업화 자금	3,000	40.5
	투자	벤처캐피형	정금공/산은캐피탈 특허기술사업화 펀드	300	4.0
		벤처캐피형	산은 테크노뱅킹	1,500	20.2
		창의자본형	특허관련 펀드	250	3.4
민간	투자	창의자본형	콘텐츠 관련 펀드	600	8.1
IP 금융 합계				7,408	100.0

*출처 : 관계부처합동(2013.7) '혁신경제 실현을 위한 지식재산 금융 활성화 방안
(2009.1～2012.12 기준)

보증에는 기보에 의해 추진되는 지식재산인수보증(기존 특허인수 보증)이 있는데, 이는 특허인수에서 사업화 연계지원까지 포함한 지원이 이루어지고 있고, M&A를 제외한 보증액 규모가 약 300억 원 수준으로 추정되고 있으며, 이를 벤처캐피탈형과 창의자본형으로 구분하는 것은 여러 요인에 의해 한계가 있다.

국내의 지식재산(기술)금융 중에서 기술융자의 경우에는 국가경쟁력 제고를 위하여 정부주도의 보증중심 지식재산금융정책에 따라서 융자가 활성화되어 있다. 국내의 기술금융 대출은 전체 기술금

용에서 약 97% 수준이며, 투자는 약 3% 수준에 불과하다. 이는 국내 기술금융이 융자 중심인 상황임을 시사한다고 볼 수 있다.

지식재산금융(기술금융)은 위험부담 주체, 기술과 신용평가의 결합정도 등에 따라서 금융이 구분될 수 있다. 즉 지식재산 담보대출, 기술평가보증대출, 기술평가인증서부 대출, 기술신용평가대출로 구분할 수 있다.

현재 정부에서는 지식재산 활성화를 위하여 지식재산 기술대출 중심의 지식재산 금융정책을 추진해 왔었다. 그러나 은행의 보수적인 대출관행으로 인하여 기존의 기업신용대출의 틀을 벗어나지 못했다는 현실적인 지적이 나타나고 있다. 국내 특허청과 산업은행은 2013년부터 특허담보대출 지원을 시작하였고, 정부가 추진 중인 기술신용평가 대출은 대규모로 성장해가고 있다.

또한 기술신용평가대출의 경우 은행은 대출시 기술력에 대한 반영에 따라서 증가되는 회수위험을 피하고자 기술신용평가를 통하여 기존의 우량 중소기업의 신용대출로 활용하게 되었다. 이에 무늬만 기술금융이라는 비판이 제기되기도 했다. 그러나 국내 은행들은 국제경제의 측면에서 자산건전성이 매우 중요하기에 대출자산의 부실위험을 낮추고자 보수적인 대출관행을 유지할 수밖에 없는 실정이다.

또한 지식재산(기술)금융의 조기 정착을 위해서 시작한 기술신용평가대출이 단기에 시급하게 추진되면서 문제점이 발생되고 있다. 대표적인 것으로 평가결과에 대한 신뢰도의 저하가 있다. 국내 기술신용평가 전문인력이 충분하게 양성되지 않은 상황에서 소수의 인력으로 막대한 분량의 기술신용평가를 실시함에 따라 평가와 평가서 작성상의 오류가 발생하기도 한다.

실제로 TCB평가의 인력현황에 따르면 2014년 09월에서 2015년 06월 기간 중에 TCB의 전문평가인력 1인당 평가 건수는 기술보증기금, 나이스, 한국기업데이터(KED)가 각각 52건과 448건, 313건으로 집계되었다[6].

이러한 문제점이 발생하게 되는 원인은 평가품질관리를 위한 부도예측 역량과 평가 오류 등에 관하여 분석과 정보가 부족하기 때문이다. 그러므로 지식재산(기술)금융은 기술신용평가에 대한 전문인력의 양성이 충분하지 못한 상황이며, 이를 통한 금융발전이 부족한 상황이다.

국내의 지식재산(기술)펀드는 2000년대 초반 벤처버블로 인하여 벤처캐피탈이 위축되면서 태동되었다고 볼 수 있다. 그리고 2005년 정부가 중소기업과 벤처기업을 대상으로 성장을 위한 중소기업투자 모태펀드를 운영하는 전문기업을 설립하면서 시작되었다고 할 수 있다. 당시 중소기업과 벤처기업의 성장을 위한 투자관리전문회사는 '한국벤처투자'가 있다.

모태펀드의 운용은 정부의 투자재원공급과 한국벤처투자에 의한 투자의사결정으로 역할을 분담하여 지식재산 정책을 효율화 하였

---

6) 금융감독원·기술보증기금 국정감사자료, 2015

고, 중소기업진흥공단과 문화체육관광부, 특허청 등 정부기관 7개가 출자하였다. 그리고 엔젤, 문화, 스포츠, 영화, 특허, 미래, 보건 등 10개의 계정을 운용하고 있다.

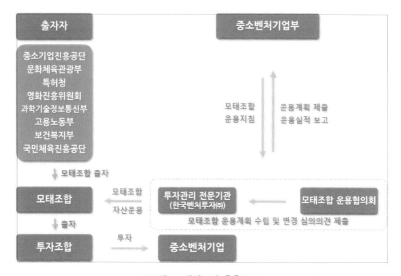

[그림] 모태펀드의 운용구조

그렇다면 국내에는 어떤 지식재산펀드가 운용되고 있을까? 국내에서는 크게 '아이디어브릿지자산운용'과 '산업은행'에서 운영하고 있는 펀드들이 대표적인 지식재산펀드라고 할 수 있다.

먼저 '아이디어브릿지(Idea Bridge) 자산운용의 특허펀드'를 알아보겠다. 아이디어브릿지 자산운용사는 지식재산권을 전문적으로 운용 및 관리하는 특별자산 전문의 자산운용사다. 국내의 지식재산권을 보호하고자 2010년 07월 민관합동으로 설립되어진 기업인 인텔

렉추얼디스커버리㈜의 100% 지분참여로 설립되어진 자회사이다. 2012년 03월 금융위원회로부터 집합투자업을 인가받아서 영업을 개시하고 있다.

이러한 전문목적의 자산운용사들이 전문분야의 사업을 수행하게 된 목적은 무엇일까? 자산운용사의 사업목적은 지식재산 비즈니스 시장 구축, 새로운 투자수단의 제공, 기업의 지식재산 경쟁력 강화, 장기투자문화 선도가 주된 목적이다. 그 중에서도 새로운 투자수단 제공 측면은 지식재산을 간접적인 투자의 수단으로 활용하여, 금융시장에서 다양한 투자기회를 제공한다는 점이 이점이라고 할 수 있다. 또한 지식재산을 금융상품으로 재구성함으로써 투자자들에게 지식재산을 간접적으로 소유할 수 있는 기회를 제공한다는 점도 큰 이점이라고 할 수 있다.

다음으로 산업은행 테크노뱅킹을 알아보겠다. 산업은행은 유망한 기술에 대하여 지식재산권을 보유한 중고기업들에게 금융지원을 제공하는 테크노뱅킹을 도입하여 진행하고 있다. 테크노뱅킹이 출현하게 된 배경은 기술사업화 생태기반(spiral innovation)을 조성하기 위하여 우수기술에 대한 거래와 금융지원, 기업가치 제고와 글로벌 기술선도기업 출현이라는 선순환 구조를 만들기 위해서이다. 이러한 출연 배경을 기반으로 테크노뱅킹에서는 연구개발단계에서 기술공유 네트워크를 기반으로 해당 중소기업에서 필요한 기술탐색과 거래를 지원하고 있다. 또한 시장진입단계에서도 정부지원을 통한 기술사업화 컨설팅과 금융 연계지원을 지원하고 있다.

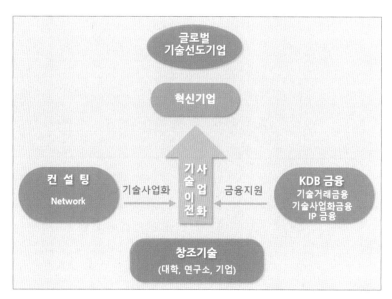

※ 출처: 산업은행

[그림] 테크노뱅킹 구조

제7장

기술가치평가 이해하기

01. 기술가치평가 이해하기

① 기술가치평가의 개념

본 내용에서는 기술의 사업적 가치를 평가하는 방법들에 대하여 개략적으로 소개하고자 한다. 그런 측면에서 깊은 심도 또는 다양한 예외들을 겸비한 학습이라기보다 짧은 지면 관계로 무형의 기술가치를 어떻게 정형화시키고 점수화하여 경제적 가치로 유도하는가에 대한 안내 수준으로 서술하고자 한다.

기술이란 것을 평가하면 그 수준 또는 정도를 등급 또는 점수로 표현하는 방법이 가능하겠지만, 여기서는 경제적 가치로 표현하는 방법들에 대하여 소개하고자 한다. 그러한 평가의 대상이 되는 기술은 법적으로 독점적 권리가 보장된 지식재산권이 핵심이 될 것이다. 그 중에서도 특허(patent)가 사업화 주체의 핵심기술로 간주될 수 있으므로 기술가치의 평가에 가장 적합할 것이다.

이때 기술의 범위는 '기술이전법 제2조(정의)1항'에서 '출원 또는 등록된 특허'를 의미한다고 규정하고 있고, 따라서 출원 중인 특허도 평가의 대상이 될 수는 있다. 그러나 출원 특허는 법적 독점적 권리로 인정받기 위한 청구항들이 일부 거절될 수 있다는 점에 유의해야 하고, 이것을 일부 평가요소에 참작될 수 있도록 하는 것이 좋다.

그 경우 기술의 범위는 변하지 않겠고, 또한 기술가치평가의 기술수명, 기술기여도, 현금흐름에도 영향이 없겠지만, 기술성과 권리성이 연관되는 할인율에 직접적인 영향으로 기술의 가치가 낮아질 가능성이 있다. 따라서 신뢰성과 기술가치의 측면에서는 아무래도 등록된 특허를 평가하는 것이 더 바람직할 것이다.

또한 본 내용에서 기술의 가치를 평가하기 위해 논리적으로 동원되는 수학적 유도식들과 도표화된 체크포인트들은 사실 특허가 아닌 상표권 또는 디자인권에 대한 가치평가에는 적절하지 않음을 미리 밝혀두고자 한다.

다음 도표의 용어들과 문장들은 법률적 표현이라 익숙하지 않을 수 있겠으나, 각 법률들이 명시하는 내용들 중에서 기술과 지식재산의 정의를 비교해보면 기술이전법에서는 '기술'의 정의에 '지식재산'을 포함하고 있고, 지식재산기본법에서는 '지식재산'의 정의에 '기술'을 포함하고 있어 법률적 경계가 약간 모호한 측면은 있으나, 그렇다고 기술가치의 평가에는 영향은 없다.

어쨌든 일상적 관점에서 기술과 지식재산을 비교해보면 아주 원초적이면서도 광의적이고 추상적 개념의 '기술(technology)'이란 용어와 달리 '지식재산(intellectual property)'은 뭔가 실체를 형용할 수 있을 듯한 느낌으로 와 닿는다. 즉 기술 차원에서는 막연하나 지식재산이 되면서 주관적 요소의 개입여지가 있다하더라도 가치평가(evaluation)라는 객관적 절차를 거치면서 상품처럼 가격을 매길 수 있으며, 그러한 방법이나 개념들은 지금도 계속 진화 중이다.

[도표] 기술의 평가와 관련된 용어들의 법률적 정의

근거	용어	법률적 정의
기술이전법 제2조(정의) 1항	기술 (Technology)	가.「특허법」등 관련 법률에 따라 등록 또는 출원(出願)된 특허, 실용신안(實用新案), 디자인, 반도체 집적 회로의 배치설계 및 소프트웨어 등 지식재산 나. 가목의 기술이 집적된 자본재(資本財) 다. 가목 또는 나목의 기술에 관한 정보 라. 그 밖에 가목부터 다목까지에 준하는 것으로서 대통령령으로 정하는 것
지식재산기본법 제3조(정의) 1항	지식재산 (Intellectual Property, IP)	인간의 혁신적 활동 또는 경험 등에 의하여 창출되거나 발견된 지식·정보·기술, 사상이나 감정의 표현, 영업이나 물건의 표시, 생물의 품종이나 유전자원(遺傳資源), 그 밖에 무형적인 것으로서 재산적 가치가 실현될 수 있는 것
지식재산기본법 제3조(정의) 2항	신지식재산 (New Intellectual Property)	경제·사회 또는 문화의 변화나 과학기술의 발전에 따라 새로운 분야에서 출현하는 지식재산
지식재산기본법 제3조(정의) 3항	지식재산권 (Intellectual Property Right, IPR)	법령 또는 조약 등에 따라 인정되거나 보호되는 지식재산에 관한 권리
기술이전법 제2조(정의) 4항	기술평가 (Technical Evaluation)	사업화를 통하여 발생할 수 있는 기술의 경제적 가치를 가액(價額)등급 또는 점수 등으로 표현하는 것
기술이전법 제2조(정의) 2항	기술이전 (Technical Transfer)	양도, 실시권 허락, 기술지도, 공동연구, 합작투자 또는 인수합병 등의 방법으로 기술이 기술보유자(해당 기술을 처분할 권한이 있는 자를 포함한다)로부터 그 외의 자에게 이전되는 것

※ 출처: 기술이전법(기술이전 및 사업화 촉진에 관한 법률)

② 기술가치평가의 목적

특허를 포함한 지식재산은 기술처럼 무형적 특성에도 불구하고
마치 유형적 상품처럼 취급되어 그 수준이나 정도가 가치로 평가될
수도 있고, 그렇게 평가된 가격에 따라 법인의 자산으로 인정되거
나 상업적 거래도 가능할 수 있다. 그래서 기업이 보유하고 있는
기술가치를 평가하면 기술의 거래, 자금의 대출, 현물의 출자, 채무
의 청산 등 아주 다양한 목적으로 활용할 수 있다.

그러나 절차적 측면에서 절대적이거나 확고부동한 기준이나 방
법이 있는 것이 아니어서 평가자마다 각 평가방식과 평가요소에 대
하여 편차가 발생될 수 있다. 예를 들자면 평가자 2인이 어떤 요소
에 대하여 평가할 경우 서로 극단적인 평가결과가 발생될 수도 있
을 것이다. 그럼에도 불구하고 각 평가자들이 도출한 결과들은 막
연했던 상징적 개념의 기술에 대하여 그래도 뭔가 구체적이고 정량
적인 수치로 표현해냈다는 점이다.

[도표] 기술가치평가의 목적과 용도

분야	용도
이전 및 거래	기술의 매매, 라이선스의 가격결정 등을 위함
금융	기술의 담보권 설정 또는 투자유치를 위함
현물출자	기술 또는 지식재산권의 현물출자를 위함
전략	기업의 가치증진, 기술상품화, 분사, 장기 전략적 경영계획 수립 등을 위함
청산	기업의 파산 또는 구조조정에 따른 자산평가, 채무상환계획 수립 등을 위함
소송	지식재산권 침해, 채무불이행, 기타 재산 분쟁 관련 소송을 위함
세무	기술의 기증, 처분, 감가상각을 위한 세무계획 수립 및 세금납부 등을 위함
기타	특례상장 등을 위함

※ 출처: 산업통상자원부 고시 제2016-114호, 기술평가기준 운영지침 제 16조(목적과 용
　도의 명시)

③ 기술가치평가의 절차

기술가치평가의 절차는 기술성, 권리성, 시장성, 사업성의 대략 4가지 분야에 대하여 각 분야별 전문가들을 상황에 맞게 선정하여 심층 분석 평가를 하며, 전체적인 평가절차는 대략 1~3개월이 소요된다.

대략적인 과정은 의뢰자 또는 의뢰기업을 만나서 배경을 파악하고 실제 현장을 파악하는 현장평가, 심층적 조사와 분석을 진행하는 심층평가, 최종보고의 순으로 진행이 일반적인 절차라 할 수 있다.

[도표] 기술가치평가의 절차

절차		내용	기간
검토	의뢰자 상담	▪ 의뢰목적, 대상기술, 관련환경 등의 청취	1주
	평가요인 검토	▪ 기술성, 권리성, 시장성, 사업성에 대한 기초자료의 검토	1~2주
평가	현장평가	▪ 핵심기술에 대한 지식재산권, 법인의 경영·생산·영업 역량, 시장규모, 사업전략 등을 수집	1~2주
	심층평가	▪ 평가방식의 결정 ▪ 유사기술 거래현황 조사 ▪ 의뢰자 매출액 및 재무자료 분석, 동종산업 분석, 시장규모 및 경쟁현황 분석 ▪ 기술수명, 사업위험분석 할인율, 기술 기여도 등의 분석	2~5주
	평가회의	▪ 평가방식의 적정성 검토 ▪ 평가결과의 정확성 검토	
	중간보고	▪ 중간보고서 제출 ▪ 피드백	
	결과조정	▪ 중간결과의 조정 ▪ 신뢰도 향상을 위한 보완조사	
	최종보고	▪ 최종보고서 제출	1~2주
계			6~12주

02. 기술가치평가 요인 이해하기

공개된 기술가치평가보고서가 거의 없어서 이해가 쉽지는 않겠지만, 대부분의 보고서들은 해당기업이 보유중인 특허기술에 대한 개요, 기술성과 권리성의 분석, 시장성과 사업성 분석, 기술과 사업의 가치에 대한 평가의 순으로 구성된다.

본 내용은 기술가치평가 요인들 중에서 핵심기술이 사업화되는 과정에 기술성, 권리성, 시장성, 사업성의 4가지 관점에서 조사, 분석, 판정하는 절차들에 대하여 살펴보고자 한다.

① 기술성 분석

기술성을 분석한다는 측면에서 본다면 필요성, 독창성, 신규성, 혁신성, 우월성, 차별성, 전망성, 파급성, 활용성, 대체성 등 정말 많은 평가요인들이 있다는 사실을 알게 될 것이다. 또한 기술의 위험도에 따라서 기술의 우수성, 모방 용이성, 경쟁 또는 유사 기술의 수, 대체기술 출현가능성, 신제품 출현빈도, 생산 안정성 등도 있을 것이고, 권리에 따라 기술수명, 권리범위, 권리강도, 권리안정성 등도 있을 것이다. 이러한 요인들은 서로 대등하다기보다 차라리 서로 종속적 관계일 수도 있고, 아니면 각각의 기여도를 다르게 점수화해야 될 필요성을 느끼게 될 것이다.

기술가치의 평가 대상으로 양산역량, 노하우, 영업비밀 등 사업화에 필요한 다양한 무형자산들의 평가를 희망할 수도 있을 것이다. 그러나 대부분의 기술가치평가는 사업화 주체가 보유중인 기술에 대한 출원보다 등록된 특허 위주로 평가 될 것이고, 그러한 핵심기술을 대상으로 위에서 언급한 다양한 요인들을 동원하여 다각적으로 조사하고 분석하여 평가하게 된다.

그래서 평가대상의 특허와 관련된 기술과 제품에 대한 개요, 기술동향, 특허현황, 권리기간, 경쟁기술 및 대체기술 현황, 경쟁사 및 후발주자 현황 등 다양한 요인들에 대하여 분석하고 평가할 수 있다. 좀 더 구체적으로는 대체기술의 출현가능성, 기술적 우월성, 유사기술 및 경쟁기술의 존재, 모방 난이도, 권리강도 등에 대하여 평가하면 될 것이다.

기술성 분석은 기술환경 분석, 기술적 유용성 분석, 기술의 경쟁성 분석으로 나눌 수 있는데, 기술환경 분석은 대상기술에 대하여 기존기술과 경쟁관계라 할 수 있는 유사기술 또는 대체기술의 존재 여부를 파악하고 분석하는 것이라 할 수 있다.

그 외 조립 및 완성과 관련된 전방기술과 부품 및 소재 등의 후방기술 등 기술과 관련되는 환경에 대한 조사가 필요하다. 또한 기술적 유용성 및 경쟁성 분석은 기술환경 분석결과에서 파악된 각 기술들의 특징들을 근거로 대상기술의 장단점을 비교 분석하여 기술적 유용성과 경쟁성을 판단하는 과정이다.

결론적으로 기술성의 판단은 기존 경쟁기술 대비 필요성, 독창성, 신규성, 차별성 등의 경쟁적 요소가 어느 수준인지 최대한 정확히 추정해보려는 노력의 과정들이다. 그리고 경제적 수명에 따라 얼마나 지속적이고 향후 또 다른 제품군으로 파생될 가능성이 있는지에 대해서도 평가하면 될 것이다.

[도표] 기술성 분석의 평가항목

항목	세부항목	활용도	관련 평가지표
개요	▪ 기술소개 ▪ 기술구성 ▪ 적용대상	▪ 적용제품과 업종 파악 ▪ 표준재무정보 인식에 활용 ▪ 기술의 경제적 수명추정 활용	▪ 경제적 수명 -인용특허수명지수 ▪ 기술기여도 -상용화 요구시간 -진부화 가능성
환경 분석	▪ 국내외 동향 ▪ 기술수명	▪ 유용성 분석 ▪ 경쟁성 분석	▪ 경제적 수명 -정량화 지표 ▪ 기술기여도 -전망성과 대체성
기술적 유용성 및 경쟁성	▪ 유용성 ▪ 독창성 ▪ 첨단성 ▪ 활용성 ▪ 확장성	▪ 기술환경 분석 ▪ 대상기술의 분석 ▪ 유용성 및 경쟁성 분석	▪ 경제적 수명 -혁신성과 차별성 ▪ 할인율 -우수성 -기술의 경쟁성 ▪ 기술기여도 -파급성
종합 의견	▪ 분석 요약		

※ 참고: 기술가치평가 실무가이드 (산업부, 2014)

② 권리성 분석

권리성 분석은 대상기술의 핵심이라 할 수 있는 특허에 대하여 서지정보, 명세서 내용, 권리범위, 선행기술, 시장동향 등에 대한 조사를 기반으로 권리의 안정성과 권리범위의 광협성, 제품에 적용 여부 등에 대한 분석을 수행하는 것이다. 특히 대상기술의 기술사업화 측면에서 경쟁적 상황의 보호강도 파악에 의미가 있다.

기술의 사업화에 있어서 권리와 관련하여 가장 중요한 것은 후발주자들의 모방에 어떤 진입장벽 전략을 사용하고, 그래서 얼마나 시장방어가 가능하며, 향후 시장에서 지속적으로 경쟁력과 차별성으로 시장지배 우위를 유지할 수 있느냐에 대한 것이다.

또 다른 문제로는 이미 등록된 특허들 때문에 사업화에 권리적 침해요소로 인한 위험요인이 발생될 수 있을까에 대한 문제이다. 그래서 권리성의 분석과 평가에는 기업이 보유한 지식재산권을 조사하고, 보유한 내용을 세밀히 분석하여 핵심기술에 해당되는 것들에 대한 추가적인 진입장벽 구축 전략을 수행해야 한다.

구체적으로는 대상 특허들의 권리자, 법적상태, 존속기간, 패밀리출원, 권리자의 관련 IP포트폴리오 정보 등의 기본 서지정보들을 파악하고, 청구항과 명세서에 근거하여 핵심기술을 규정하여야 한다. 또한 해당특허의 출원일 이전에 이미 공개된 국내 및 해외에 공지된 특허, 논문, 전문잡지 등에 대하여 다양한 기관들뿐 아니라 구글 등의 검색엔진을 통해 넓이와 깊이를 겸비한 선행기술 조사가 필요하다.

심도있는 선행기술 조사를 통해 등록 또는 출원 중인 특허의 무효가능성과 침해가능성도 검토해볼 수 있고, 보완해야 할 권리내용이나 권리범위를 추가할 수도 있는 기회이다. 또한 DB에서 발굴한 많은 특허들의 성격을 파악하고, 해당기술의 특성을 분석하며, 미래적으로 어떻게 연계될 소지가 있는지에 대한 도식화 작업도 중요하다. 그래서 핵심기술에 대한 맵핑(mapping)과 포트폴리오 작업을 통해 방어할 부분과 보완할 부분을 규정하는 강력한 전략이 필요하다.

경쟁력이 높은 신기술의 제품들은 경제적 수명기간 이상으로 시장우위를 독점하면서도 지속적으로 부가가치를 창출할 수 있겠지만, 그러기 위해서는 기존의 법적권리 이외에도 핵심기술에 대하여 지속적으로 강화와 보완을 위한 노력이 필요하다.

또한 그러한 전문성에는 변리사 등의 전문가 뿐 아니라 해당업종 종사자 또는 오랜 업력을 보유한 전문인, 그 외 산학연 등의 네트워크를 통하여 과거의 문제와 현재 상황과 미래의 경향성에 대한 예측도 겸비하려고 노력한다면 핵심기술의 사업성을 더욱 더 강화될 수 있다.

[도표] 권리성 분석의 평가항목

항목	세부항목	활용도	관련 평가지표
권리 안전성	• 발명내용, 청구범위 • 선행기술 조사 • 신규성과 진보성 등으로 무효 가능성	• 권리의 안정적 유지가능성 판단	• 기술기여도 - 모방용이성 - 권리범위 - 권리안정성 • 할인율 - 권리안정성 - 모방용이성
권리 범위 광협	• 선행기술대비 차별성 • 권리범위의 광협 • 회피설계 가능성	적절한 권리 범위를 통해 경쟁자의 회피설계를 통한 시장진입을 차단하고, 시장에서 독점적 지위를 유지할 수 있는지 여부를 판단	
제품 적용 여부	• 청구항 구성요소와 제품의 대비 • 특허기술의 비중	• 대상특허의 제품 • 적용 가능성, 전체 • 기술 중 대상특허가 • 차지하는 비중을 • 판단	
종합 의견	• 분석 요약		

※ 출처: 기술가치평가 실무가이드 (산업부, 2014)

③ 시장성 분석

시장성 분석은 시장의 환경과 동향 등을 파악하고 분석하는 것인데, 시간적으로 과거 최소 5년간의 자료를 근거로 미래 최소 5년 이상 또는 해당기술의 경제적 수명기한까지 예측이 필요할 것이다. 또한 공간적으로는 세계 UN기준 196개국 중에서도 선도적인 OECD 회원국 자격의 대한민국 수준에 맞도록 국내뿐 아니라 해외의 모든 시장들을 대상하여 분석하는 것이 좋다.

다만 일부 기술들은 어떤 환경적 특수성으로 인해 글로벌 기술과 직접 경쟁하지 않을 수도 있겠으나, 그럼에도 불구하고 최소한의 국제적 수준과 비교 수준의 조사는 필요하다.

기업의 규모 측면에서도 스타트업, 소기업, 중기업, 중견기업, 대기업, 글로벌 브랜드 등에 따라 비교도 필요하겠지만, 다만 기업의 규모가 작을수록 공개된 재무정보를 구하기가 힘들어 경쟁상황 분석에는 한계가 있을 것이다. 그 경우에는 대체로 관련업종 종사자들을 상대로 경쟁사의 인적자원 및 물적 자원과 제품의 단가, 매출액, 개발환경 등을 수집하면 점차 핵심기술과 관련되는 시장까지 깊숙이 접근할 수 있을 것이다.

이러한 오프라인 조사는 평가의 초기에 반드시 필요하며, 이 과정이 없이 거의 온라인 조사에만 의존하여 정보를 수집하게 된다면 어딘가 현실성이 부족한 탁상공론이 되어 기술적 환경이나 방향성 등에 사소한 오류가 심각한 착오로 연결될 수 있음에 주의가 필요하다.

따라서 정확도를 높이기 위해서는 단순히 온라인 조사에 의존하기보다 가급적 해당업종 관계자들과 전화상담이나 직접 접촉을 통한 조사를 한다면 온라인으로 감지할 수 없는 실상이나 고급정보를 입수할 수 있을 것이다. 그러한 정보들은 해당 기술분야의 실상을 이해할 수 있고 방향성이 더욱 정확해질 수 있기에 평가의 깊이와 신뢰성에 중요하다. 어쨌든 불편이나 신속을 핑계로 온라인 조사에 의존하는 오만적 태도는 절대로 주의해야 한다.

시장성 분석의 사전작업은 해당기술을 적용할 제품의 종류, 공정, 또는 시장의 범위를 먼저 명확하게 설정하여야 한다. 즉 유사 산업군 중에서 평가대상의 기술과 직접적 경쟁관계를 인정할 만한 제품을 어느 범위까지 적용할 것인가라는 난관이다.

당연히 의뢰자 또는 피평가자는 현존하는 거의 모든 제품들이 내 기술과 연관된 경쟁자 또는 후발주자라 우기고 싶지만, 반대로 평가자 입장에서는 구설의 소지가 될 제품들은 웬만하면 다 배제하고 정말 알짜 핵심제품들만 간결하게 모아서 시장의 기준으로 적용하고 싶을 것이다.

즉 초기에 상담이나 또는 중간보고서 제출시기에 기술의 적용대상은 평가자와 의뢰자 간에 심각한 이견과 진통이 발생될 수 있는 요소이다. 그래서 기존의 경쟁제품, 현재의 유사제품, 또는 미래의 대체제품들을 어디까지 경쟁관계자로 적용할 것인가에 대해서 서로 논리적 근거로 충분히 협의하여야 한다.

당연한 사실이라면 사업화 주체의 기업규모가 작아 시장진입시 점유율도 낮아보일지라도 대상기술과 관련되는 시장규모가 크다면 연차별 매출액은 시장규모 비례적으로 엄청나게 증가될 수 있을 것이다. 또한 매출액의 증가는 모든 경제적 수명 기간 동안 현금흐름도 비례적으로 증가하게 되므로 대상기술의 가치는 점점 더 커질 것이다.

결국 의뢰자 입장에서는 동종업계의 종사자라면 누구라도 경쟁관계나 동일기술임을 공감할 것임에도 불구하고, 평가자 입장에서는 과대평가 우려가 부담스럽기도 하겠고, 특히 기술적 이해나 감각이 부족하여 피평가자가 아무리 호소를 하더라도 인정하고 싶지 않을 수 있다.

그래서 기술가치의 평가의 조금이라도 이해하는 의뢰자들은 다른 어느 요인보다 시장규모에 대하여 가장 민감하게 반응할 수 있음에 미리 유의해야 한다. 물론 대부분 의뢰자들은 평가방식에 대한 이해가 없기도 하겠고, 또는 상담과 보고서 전달에도 무관심하게 관망하는 수준일지라도 서면의 보고서는 반영구적으로 남는다는 점에서 현실성 있는 평가가 되도록 주의해야 한다.

시장성의 구체적인 조사는 대상기술과 관련되는 기술 및 제품, 국내 및 해외 시장규모, 글로벌 브랜드 및 주요기업들의 매출액과 시장점유율, 후발주자와 대체제품 생산 가능한 기업들, 복제품 생산 집단들에 대한 점도 염두에 둘 필요가 있다. 그 외에도 연평균 성장률(CAGR), 선두주자들의 제품군과 비지니스 포트폴리오, 미래의 방향성 등을 같이 조사하고, 그에 대한 심도있는 분석이 필요하다.

항목	세부항목	활용도	관련 평가지표
시장 개요	▪ 기술적용제품 범위 ▪ 시장 정의 및 특성	▪ 적용제품과 업종 파악 ▪ 표준재무정보 인식에 활용	
시장 환경 분석	▪ 시장규모 및 동향 ▪ 성장률 ▪ 시장전망 ▪ 시장진입가능성	▪ 목표시장 성장률 추정 ▪ 시장규모 예측 ▪ 시장진입 용이성 평가	▪ 목표시장 전망 및 규모 예측 ▪ 상용화 시점 결정
시장 경쟁 분석	▪ 경쟁구조 및 지배유형 ▪ 경쟁업체 및 점유율 ▪ 경쟁제품 분석 ▪ 시장지위	▪ 시장동향 자료 및 분석보고서 ▪ 기업분석보고서와 전문가 의견을 종합하여 평가	▪ 기술의 경제적 수명, 현금흐름, 할인율, 기술기여도 결정에 영향 ▪ 매출액 추정에 유용한 정보 제공
종합 의견	▪ 분석 요약		

※ 출처: 기술가치평가 실무가이드 (산업부, 2014)

결론적으로 시장성 분석은 전체의 시장환경을 분석하고, 현 시장의 경쟁관계를 이해하며, 사업화 주체의 시장진입 가능성을 예측하여 기본적인 시장환경뿐 아니라 미래 시장지배 역량까지도 분석될 수 있는 자료들을 최대한 많이 수집하여 신뢰성 더 높이는 것이 중요하다.

④ 사업성 분석

사업성 분석은 사업화 주체가 의도하는 특허기술 또는 핵심기술들과 연계한 수익구조(profit model), 비즈니스모델(Business Model, BM), 비지니스 포트폴리오(business portfolio), 플랜B(plan B), 영업 네트워크 등이 어느 정도 구체적이고 현실성이 있는지가 중요하다.

기본적으로는 사업주체의 조직관리와 시스템, R&D 역량, 생산과 품질관리, 마케팅과 영업 등 전 부문에 대한 고려도 필요하다. 또한 기술적 차별성과 경쟁력이 있더라도 자금조달, 조직역량, 마케팅, 영업역량 등 사업화 요소에 결격사항이 감지되면 성공가능성은 당연히 감소할 것이다. 결론적으로 사업성 분석은 제품의 경쟁력을 분석하고, 사업화 기반역량을 분석하며, 매출규모 및 수익률 분석 등을 포함한다.

[도표] 사업성 분석의 평가항목

항목	세부항목	활용도	관련 평가지표
사업화 기반 역량	▪ 보유 또는 계획 중인 인적물적 사업화 역량 종합적 파악	▪ 재무구조, 상용화 단계, 사업화 위험도 등을 감안하여 할인율 추정 기초자료 제시	▪ 기술기여도 -상용화 소요자본 -생산용이성 ▪ 할인율 -생산용이성
제품 경쟁력	▪ 가격, 품질 등 비교우위 경쟁력 파악	▪ 경쟁력 우위 기반의 제품이 시장에서 가치상승으로 매출추정 영향	▪ 기술기여도 -시장점유율 영향 -시장진입성 -수요성 -영업이익성 ▪ 할인율 -시장진입성
매출 추정 및 수익 분석	▪ 시장점유율 파악하고 매출 가능성 예측	▪ 매출규모, 투자규모, 각종 비용요소, 감가상각비, 운전자금 소요 규모 등 주요 수익구조 분석 결과를 기초로 현금흐름(CF) 산출	▪ 기술기여도 -매출성장성 -파생적 매출 -영업이익성 ▪ 할인율 -수익성과 안정성
종합 의견	▪ 분석 요약		

※ 출처: 기술가치평가 실무가이드 (산업부, 2014)

⑤ 경영자 및 조직의 역량

사업성 분석에서 가장 핵심이자 최우선이라 할 수 있는 점은 경영자 역량에 대한 분석이라 할 수 있는데, 아직은 기술가치평가를 위한 대부분의 평가지표에 배제되어 있다.

경영자는 기업의 미래를 기획하고, 자금을 조달하며, 각 업무별 적절한 전문인의 구인을 위해 노력하고, 지속적으로 시장에 진입하고 공급하는 과정도 주업무이다. 또한 그러는 여정에서 발생되는 온갖 돌발상황에서도 악마의 강(The devil river), 죽음의 계곡(valley of death), 다윈의 바다(Darwinian sea)를 건널 수 있는 지혜로운 임기응변도 아주 중요할 것이다.

그런데 이 모든 과정들이 경영자 1인에 의해 크게 좌우될 수 있다. 그렇지만 기술성, 권리성, 시장성, 사업성의 기존 4대 평가항목에는 경영자의 역량에 대한 평가항목이 배제되어 있어 추가적으로 점수를 가산하거나 반영하기 어렵다. 그럼에도 불구하고 가급적 경영자의 역량을 조사하고 분석하여 전체적 결과에 반영되도록 노력하거나 또는 영향이라도 줄 수 있도록 배려가 필요하다.

어쩌면 경영자의 역량을 평가할 수 있는 별도의 평가표가 필요할 수도 있을 것이다. 그러한 역량에는 경영자의 전문성 일치여부, 과거 동종업계 근무여부, 사업성공 또는 실패여부 등도 중요한 지표가 될 수 있다. 그 외에도 범죄기록, 성장과정, 윤리의식, 가치관과 국가관, 심지어 성별 및 연령대 또는 결혼상태 및 파혼 여부도 관계될 수도 있을 것이다.

그 외에도 경영자와 함께하는 결사조직의 구성원들 역량도 정말 중요하다. 그래서 카리스마적인 경영자의 존재가 중요할 수도 있고, 또는 ISO 9001 규격을 참고하자면 경영과 재무, 마케팅과 영업, 생산과 품질 등의 업무를 체계적이고 무탈하게 처리할 수 있는 경험이 풍부한 중간관리자들의 역량도 중요할 것이다.

즉 경영, 영업, 연구개발, 생산 및 품질, 마케팅과 영업 등의 각 업무별 역량에 대하여 전문인력의 존재, 핵심시설과 보조시설의 보유, 4차산업 성향의 자동화 시스템 여부 등으로 판단하는 것이 좋을 것으로 생각된다. 물론 그러한 항목들을 모두 평가지표로 선정하여 반영하려면 아마도 여러 통계자료와 사회과학적 측면의 설득력 있는 객관적 자료를 동원해야 될 것이다.

결론적으로 말하자면 일반적인 기술가치평가에서는 기술성, 권리성, 시장성, 사업성의 4가지 관점에서 평가를 진행하겠으나, 현실적으로 그것을 운영하는 주체인 경영자와 조직에 대한 평가도 반드시 필요하다고 생각된다. 그러한 역량이 지금처럼 할인율의 아주 작은 요소 중의 하나로 평가할 것이 아니라 별도의 도표화된 항목으로 할인율에 반영이 필요해 보이며, 평가요소의 예를 열거해본다면 도표와 같다.

[도표] 경영자 및 조직의 역량에 대하여 평가 가능한 항목

구분	항목	평가 내용
경영자	전문성	▪ 대학 전공 ▪ 석사 이상의 학위를 통한 전문성
	업력	▪ 과거 관련업체 종사 여부

		▪ 실질적 성과 여부
	인성	▪ 개인적 인성 ▪ 가족관, 가치관, 국가관 등
	자금조달	▪ 재무에 대한 이해 ▪ 자금조달 역량
	네트워크	▪ 노무, 재무, 법률, 기술 등 인적 네트워크 ▪ 마케팅 및 영업적 네트워크
조직	경영 및 재무	▪ 기업의 경영, 기획 등의 전문인력 및 역량 ▪ 재무회계, 법률 등의 전문인력 및 역량
	마케팅 및 영업	▪ 마케팅 분야 전문인력 및 역량 ▪ 영업 분야 전문인력 및 역량
	연구개발	▪ 제품 개발에 대한 전문인력 및 역량
	생산 및 품질	▪ 제품 양산과 품질관리의 전문인력 및 역량
외부	협력사	▪ 원재료 공급 협력사 상황 ▪ 반제품 공급 협력사 상황
종합 의견		▪ 분석 요약

03. 기술가치평가 방법 이해하기

기술가치의 평가는 그 목적에 따라 평가의 방법과 절차 등을 선택할 수 있다. 우선 핵심기술로부터 파생 가능한 미래의 모든 제품군들을 추정하고, 그중 주력제품과 관련된 개발비용, 양산비용, 그외 판매관리비 등을 대략적으로 추정해보는 ① 원가접근법(비용접근법)으로 핵심기술의 가치를 추정해볼 수 있을 것이다.

또는 단순히 기술이전을 위한 거래가 목적일 경우에는 핵심기술과 관련하여 이미 시장에서 기존 경쟁사들의 유사한 거래사례들을 모두 조사하고, 그 자료들을 분석하여 조정한 근거들로 가치를 추정해보는 ② 시장접근법이 최선이 될 수 있을 것이다.

그러나 현실적으로 유사업체들이 별로 없거나, 유사업종의 거래사례가 적거나, 아니면 대부분이 그렇듯이 거래가 비공개라서 자료입수가 불가능할 경우도 많을 것이다. 또는 그보다는 상거래에 출현하는 대부분의 기술들이 글로벌 마켓에 이제 막 출현하는 경우가 많아서 실체를 인정할 만한 시장형성이 모호한 경우가 많을 것이다. 그 경우 기술성과 사업성에 대한 여러 다양한 인자들을 검토하여 경제적 가치를 추정하는 방식의 현금흐름할인법(Discounted Cash Flow, DCF)을 활용하는 ③ 수익접근법이 가장 좋은 대안이 될 것이다.

그래서 지금까지 개발되어온 기술가치평가의 가장 대표적인 방법은 위에서 예시한 원가접근법(비용접근법), 시장접근법, 수익접근법(소득접근법)의 3가지를 들 수 있다. 그중에서 가장 많이 활용하는 방법이라면 단연 수익접근법일 것이나, 평가지침에는 두 가지 이상의 방법을 병행하라고 규정하고 있으며, 자세한 내용은 아래 도표를 참조할 수 있다.

[도표] 기술가치평가의 방법에 따른 종류

원가접근법	시장접근법	수익접근법
모든 원가들을 최대한 유사하게 추정하여 평가	현 시장에서 거래된 유사사례들에 근거하여 평가	대상기술의 경제적 수명기간 동안 발생될 경제적 이익을 추정하고 할인율과 기여도 반영
▪ 역사적 원가법 ▪ 재생산원가법 ▪ 대체원가법	▪ 시장거래사례 비교법 ▪ 상관행법 ▪ 로열티 공제법 ▪ 경매	▪ 기술요소법 ▪ 로열티 공제법 ▪ 다기간 초과수익법 ▪ 증분수익법 ▪ 잔여가치법 ▪ 실물옵션법

① 원가접근법(비용접근법, cost approach)

원가접근법은 대상기술을 개발하는데 투입되는 모든 비용들에 기초하여 대상기술의 경제적 가치를 산정하거나 대체의 경제원리에 기초하여 동일한 경제적 가치의 기술을 개발하거나 구입하는데 소요되는 원가를 추정하여 그 가치를 산정하는 방법이다. 좀 더 세부적인 방법들로는 역사적 원가법, 재생산원가법, 대체원가법 등으로 구분할 수 있다.

역사적 원가법은 대상기술을 개발하는 데 투입되었던 과거의 모든 비용들을 합산하여 경제적 가치를 평가하는 방법이며, 최종적으로 대상제품까지 개발을 완료하는데 투자되었던 비용들을 모두 산출해낼 수 있는 경우에 적용할 수 있다.

재생산원가법은 대상기술과 동일한 과학적 연구개발, 디자인, 설계, 시제품 제작 등의 개발과정에 소요되는 총원가를 의미하며, 대상기술과 정확히 일체되는 복제물의 제조나 직접 구입에 소요되는 모든 원가를 의미한다.

대체원가법은 평가시점에서 대상기술과 동일한 효용을 가지는 대체기술의 개발하여 완성하는데 소요되는 총원가를 의미하며, 현재의 기술로 대상기술의 효용을 재생할 수 있는 원가이다.

결론적으로 원가접근법을 사용하는 경우에는 완성시점과 평가시점 사이에서 발생된 물리적 마모, 기능적 수명의 한계, 기술적 수명의 한계, 경제적 수명의 한계와 같이 그 용도나 유효성이 감소되어 가는 모든 진부화 수준까지 고려하여야 한다. 그래서 원가접근법을 사용하기 위해서는 역사적 원가, 재생산원가, 대체원가 등에 대한 재무회계적 상세한 원가정보가 절대적으로 중요하다.

② 시장접근법(market approach)

시장접근법은 대상기술과 동일 또는 유사한 기술이 활성시장에서 거래된 가치에 근거하여 비교·분석을 통하여 상대적인 가치를 산정하는 방법이다. 좀 더 세부적인 방법으로는 시장거래사례비교법, 상관행법 등이 있다.

시장접근법을 사용하기 위해서는 지금까지의 시장에서 거래된 동일하거나 또는 유사한 기술들의 거래사례 중에서 거래의 조건, 기술의 속성, 기술의 제품화 단계, 기술의 수준과 완성도, 특허 등의 지식재산권 현황, 기술의 활용도, 시장의 영역과 지속성, 지리적 영향범위 등을 대상기술과 비교하여 적용이 가능한지 여부를 가장 먼저 판단하여야 한다.

시장접근법의 활용에 있어 비교 가능한 거래사례로부터 얻을 수 있는 정보를 선택하는 경우에 기존의 거래사례에서 거래조건과 평가목적 등이 현 상황과 일치하는 경우는 거의 없을 것이다. 따라서 비교 대상과 유의한 차이가 있을 때 그 차이를 적절히 조정하여 평가하고, 유사성 판단 기준과 차이를 조정한 경우에는 그 근거를 명확히 제시하는 것이 중요하다.

그래서 시장접근법은 지금까지 시장에서 동일기술에 대한 거래 사례가 없거나 또는 유사기술에 대한 거래사례가 부족한 경우에는 적용하지 않아야 한다. 시장접근법에서 거래사례를 확인할 수 있고 가격정보를 활용할 수 있더라도, 가격에 대한 조정이 곤란하거나 대상기술의 특성 반영에 필요한 조정률을 결정하는 것이 어렵다고 판단되면 또 다른 방법으로 평가하여 참조할 수도 있을 것이다.

③ 수익접근법(소득접근법, income approach)

수익접근법은 기술요소법 기반의 가치산정 방법으로 대상기술의 경제적 수명기간 동안 해당기술의 사업화로 인하여 발생될 수 있는 미래 경제적 이익을 적정할인율을 적용하여 현재의 가치로 환산하는 방법이다.

이러한 수익접근법의 가치 산정에는 대상기술의 경제적 수명, 경제적 수명기간 동안의 총 현금흐름, 기술에 대한 할인율, 사업화에서 기술의 기여도 등 약간의 난이도가 있는 기술적 추정이 필요하다.

그래서 예상 매출액, 예상 영업이익 또는 순이익, 예상 세전이익과 세후이익, 현금흐름 등의 추정 재무정보에 근거하여야 한다. 또한 그 가치산정은 대상기술의 사업화로 발생하는 매출액의 추정으로 가능하며, 이는 모든 평가자들의 합의가 필요하다.

앞서 언급했듯이 어떤 방식을 활용하든지 평가자들에 관점 또는 심지어 개인차에 따라서도 주관적 요소를 배제하기 곤란하다는 점에 유의해야 한다. 또한 산업부의 지침(고시 제2016-114호, 기술평가기준 운영지침 제48조 ①항)에 따르면 복수의 방법으로 평가하라고 권장하고 있고, 단일 방식으로 평가할 경우 보고서에 그 사유를 기재하라고 명시하고 있다.

(4) 수익접근법

수익접근법(income approach method)은 대상기술의 사업화가 성공한다는 가정 아래, (가) 경제적 수명기간 동안, 미래에 창출될 것으로 예상되는 (나) 모든 현금흐름(cash flow)을 합산한 다음, 대상기술의 특성과 사업화 주체의 규모 및 자본의 형태 등에 따른 (다) 위험도를 고려한 할인율(risk-adjusted discount rate)을 적용하고, 대상기술의 개별적 및 산업적 특성에 따른 (라) 기술의 기여도를 반영하여 현재 시점으로 소급 적용될 수 있는 경제적 가치로 유도해내는 평가법이다.

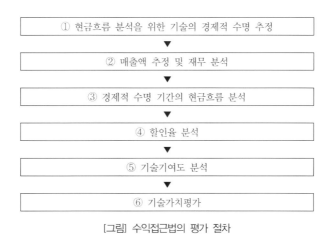

[그림] 수익접근법의 평가 절차

수익접근법에 대한 각 항목별 유도식에 대하여 아래 도표에 열거된 기술을 사례로 적용하여 경제적 가치를 유도해보면 전체적인 흐름과 내용의 이해가 한결 수월할 것이다. 그래서 수익접근법에 적용할 가상의 평가예제를 도표와 같이 가정하고자 한다.

[도표] 평가 사례로 활용할 기술 (예제)

항목	내용
발명의 명칭	군사용 GPS 장착으로 고산지대에 무기운송이 가능한 드론(drone) 장치에 관한 기술
출원인	㈜대한민국
발명자	김대한, 이민국, 고조선
대리인	장출원
심사청구일	2018. 12. 15
출원일	2018. 12. 15
출원번호	10-2018-0000000
등록일	2020. 10. 27
등록번호	10-2000000
우선권 정보	법적 상태 : 등록
법인 정보	설립일 : 2015. 09. 28 직원수 : 3명 매출액 : 2.7억원 (2017년도) 주요제품: 감시용 드론, 에너지저장시스템

※ 공개일, 공개번호, 공고일, 공고번호, 국제출원일, 국제출원번호, 국제공개일, 국제공개번호, 법인의 상황 및 국내외 시장여건 등은 생략.

(가) 경제적 수명기간

수익접근법의 기술가치평가에서 가장 먼저 하게 되는 절차는 특허와 관련된 대상기술에 대한 경제적 수명의 결정이다. 이때 경제적 수명이라 함은 특허의 법적 배타적 독점기한 20년에서 해당기술과 관련되는 여러 환경적 요소들을 고려하여 수명에 가감하면 된다.

기술의 경제적 수명은 해당 기술의 현금흐름 추정기간을 결정하기 위한 것으로 단순해 보여도 아주 중요한 요소 중에 하나이다. 그래서 경쟁자들로 시장이 점차 혼란스러워지고 여러 후발주자들까지 가세하면서 기술이 거의 보편화되는 시기까지 대상기술이 경쟁우위를 지속할 수 있는 기간으로 볼 수 있으며, 그 절차는 그림과 같다.

[그림] 현금흐름 추정을 위한 기술의 경제적 수명 추정단계

① 기술순환주기 지수의 확인

기술의 경제적 수명의 추정에 대표적인 방법으로 미국에서 새로운 기술이 특허로 출원될 때 이미 등록된 특허들이 지속적으로 인용(backward citation)되어지는 기간을 의미하는 기술순환주기(Technology Cycle Time, TCT)[7] 지수를 적용하는 것이다. 이때 각 특허들에 대한 기술적인 분류는 국제특허분류(International Patent Classification, IPC)를 기준한다.

---

7) 미국 CHI Research Inc.가 미국 국립과학재단(National Science Foundation, NSF)의 지원으로 개발한 지표

그래서 기술순환주기(TCT) 지수의 IPC는 산업적 특성에 따라 A~H 섹션으로 분류하고, 각 섹션에는 클래스, 서브클래스, 메인그룹, 서브그룹의 총 5단계의 계층구조로 구성되어 있다. 여기에 후방인용(backward citation)에 근거하여 특허인용수명의 평균과 중앙값 등의 통계값들이 제시되어 있는데, 이것들을 경제적 수명을 결정하기 위한 기초정보로 활용할 수 있다.

아래 도표에 제시된 것처럼 특허인용수명 지수 또는 기술순환주기 지수는 IPC 코드, 해당기술의 내용, 수명의 평균값, Q1, Q2(중앙값), Q3의 4개 통계값을 포함한 6개의 자료로 구성되어 있다. 그 중에서도 대표적인 통계값의 중앙값 Q2는 TCT(Technology Cycle Time), 기술순환주기, 기술수명주기, 또는 특허인용수명이라는 혼란스러울 만큼 여러 표현으로 불리고 있다.

검색하는 방법은 A~H 섹션 중에서 해당하는 기술이 속하는 섹션을 확인하고, 다시 좌측의 IPC 코드를 확인한 다음, 우측의 수명기간 통계값들을 확인하면 된다. 그리고 전체에 대한 평균값, 그 중 하위 25% 분포를 차지하는 일사분위수 Q1, 전체의 50% 분포를 차지하는 중앙값 Q2, 상위 25% 분포를 차지하는 삼사분위수 Q3의 4개 통계값이 기술되어 있다. 그 중에서도 중앙값 Q2를 경제적 수명의 기초자료로 적용한다.

[도표] 기술순환주기(TCT) 지수의 섹션

IPC	내용	평균	Q1	중앙값 (Q2)	Q3
■ A섹션 (생활필수품)					
■ B섹션 (처리조작; 운수)					
■ C섹션 (화학: 야금)					
■ D섹션 (섬유; 지류)					
■ E섹션 (건조물)					
■ F섹션 (기계공학; 조명; 가열; 무기; 폭파)					
■ G섹션 (물리학)					
■ H섹션 (전기)					
(예제)					
C22C	합금	10.92	4	8	15

아래 도표를 통해 알 수 있듯이 각 기술분야에 대한 중앙값(Q2)(년)은 대체로 10년 내외가 많은 편이다. 그러나 F21W 기술의 중앙값은 2년, B01B는 3년, C7G는 4년으로 신규출원에 인용되는 기간이 아주 짧은 편인데, 그것의 실질적 의미는 기술적 난이도가 낮아 누구나 쉽게 개발할 수 있거나, 그래서 이제는 보편화되어가는 기술이거나, 또는 더 이상 상업적 가치가 없어 신규출원에 점점 인용되지 않는다는 의미로 간주할 수 있다.

한편 모방난이도가 높아 후발주자들이 흉내조차 내기 힘든 기술들은 중앙값 (Q2)보다 중앙값(Q2)과 Q3 사이의 값을 고려해야 할 것이나, 반대로 기술적 난이도가 너무 낮아 누구나 경쟁사가 될 가능성이 있다면 Q1과 중앙값(Q2) 사이의 값을 고려해야 할 것이다.

[도표] 각 기술별 기술순환주기(TCT) 지수 (부분 인용)

IPC	내용	평균	Q1	중앙값 (Q2)	Q3
■ B섹션 (처리조작: 운수)					
B01B	비등, 비등장치	4.00	1	3	7
B24D	그라인딩, 버핑 공구	12.21	5	10	17
B64C	**비행기, 헬리콥터**	15.33	5	**11**	23
~					
■ C섹션 (화학: 야금)					
C01D	알칼리 금속의 화합물	15.91	6	13	25
C07G	구조불명의 화합물	5.44	3	4	7
C12N	미생물 또는 효소	8.71	5	8	12
~					
■ F섹션 (기계공학; 조명; 가열; 무기; 폭파)					
F02K	제트추진장비	14.24	5	10	21
F16H	전동장치	10.76	4	7	15
F21W	조명장치 또는 시스템	2.21	1	2	3

결론적으로 앞에서 언급하였듯이 실제 평가예제로 적용할 기술에 대한 TCT를 확인해보면, 'GPS 통신이 가능한 드론'과 관련된 기술은 'B섹션(처리조작: 운수)'에 해당하며, 구체적으로는 IPC 값 'B63C'의 '비행기, 헬리콥터'와 가장 유사하다.

그에 대한 Q1=5년, Q2=11년, Q3=23년으로 경제적 수명을 위한 중앙값 Q2는 11년으로 확인되었다. 따라서 대상기술의 경제적 수명은 11년을 기준하되, 이제 경제적 수명에 대한 영향요인 등을 적용하여 최종적인 경제적 수명의 유효성을 판단하면 된다.

① 기술순환주기(TCT) 지수의 확인
- IPC = B63C
- 중앙값 Q2 = 11년

참고로 부연하자면 약 700여 종의 IPC 코드값에 대하여 대상기술과 유사한 IPC 코드값을 조회하는 방법으로 국내에서는 특허청에서 운영하는 KIPRIS(www.kipris.or.kr)에서 조회가 가능하다. 이때 제시되는 모든 코드값들 중에서 실제 핵심적인 기술내용과 가장 일치하는 것을 선택하면 된다.

또한 평가예제의 해당 코드값인 'B63C'의 '비행기, 헬리콥터'에는 수상비행기, 여객기, 전투기, 폭격기, 전투용 헬리콥터, 소방용 헬리콥터, 관광용 헬리콥터 등의 정말 다양하고 광범위한 완제품들이 모두 포함되지만, 그와 관련되어 특화되는 핵심부품들도 동일한 IPC 코드값에 공유하게 된다.

그래서 1개의 IPC 코드값에 너무 많은 기술들이 포함된 것이 의아하게 생각될 수도 있겠지만, 미국에 등록된 특허들을 대상으로 약 700여 종의 기술로 세분화하여 인과관계에 대한 통계작업을 주기적으로 수행하는 것도 결코 만만한 과업이 아님을 이해하는 수밖에 없을 듯하다.

② 경제적 수명에 대한 영향요인의 평가

경제적 수명기간을 산출하고 그 적용기간을 결정하였다면 이제는 기술수명에 영향을 주는 요인들을 평가하여 경제적 수명기간을 결정할 수 있다. 아래 도표의 기술적 요인 및 시장적 요인의 각 5개 항목에 대하여 해당 점수를 체크하고 합산하여 평가하면 된다.

평가예제로 적용할 기술에 대한 요인들을 아래 도표와 같이 대략적으로 평가하였는데, 앞에서 평가예제를 위한 등록특허에 대하여 명세서 또는 상세한 기술소개가 없었고, 단지 빠른 이해를 위한 차원에서 각 평점은 단순 기입한 것으로 이해하면 될 것이다.

[도표] 기술의 경제적 수명 영향요인의 평가 (예제)

구분	영향요인	평점				
		-2	-1	0	1	2
기술적 요인	대체기술 출현가능성			●		
	기술적 우월성				●	
	유사/경쟁기술의 수		●			
	모방 난이도					●
	권리강도				●	
시장적 요인	시장 집중도			●		
	시장경쟁의 변화				●	
	시장경쟁강도	●				
	예상 시장점유율			●		
	신제품 출현빈도		●			
영향요인 평점합계		1개	2개	3개	3개	1개
		-2	-2	0	3	2

기술에 대한 경제적 수명 영향요인을 평가를 위하여 평가예제의 대상기술에 대한 기술적 요인 5개 항목과 시장적 요인 5개 항목에 대하여 평가한 결과는 아래 그림과 같이 총 8점으로 확인되었다. 이 결과는 다음의 경제적 수명기간의 산출에 반영하면 된다.

② 경제적 수명에 대한 영향요인의 평가
  ▪ 평점합계 = (-2x1) + (-1x2) + (1x3) + (2x1) = 1 점

③ 경제적 수명 기간의 산출

평가대상 기술의 경제적 수명의 영향요인을 평가하였으면 아래 수식을 이용하여 경제적 수명기간을 산출할 수 있다. 이때 조정 특허인용수명은 중앙값(Q2)에서 대상 특허의 출원후 경과기간(년)을 차감하여 적용하면 된다.

▪ 기술의 경제적 수명기간(년)
   = 조정 특허인용수명 x (1 + (영향요인 평점합계/20))

기술에 대한 경제적 수명 기간을 산출하기 위하여 평가예제의 대상기술에 대한 중앙값 Q2의 특허인용수명이 11년으로 확인되었고, 영향요인은 8점으로 확인되었다. 따라서 위의 유도식에 따라 계산한 결과는 아래 그림과 같이 경제적 수명 기간은 11.55년으로 확인된다.

③ 경제적 수명 기간(년)
  ▪ 수명기간 = Q2 11년 x (1+1점/20점) = 11.55 (년)

④ 경제적 수명 적용기간의 결정

특허인용수명 지수를 활용한 기술의 경제적 수명은 특정기술의 특허가 등록된 그후 제3의 특허에 의해 인용된 기간을 기준으로 산

출된 값이다. 그리고 각 특허에 대한 기술가치평가에는 출원후 경과된 기간을 차감해야 한다.

■ 기술의 경제적 수명 적용기간(년)
 = 대상분야 기술의 경제적 수명 기간 – 대상 특허의 등록후 경과기간

기술에 대한 경제적 수명 기간을 산출하기 위하여 평가예제의 대상기술에 대한 경제적 수명 기간은 11.55년으로 확인되었고, 현재 출원일로부터 2년 경과한 것으로 가정할 경우, 경제적 수명 적용기간은 9.55년이 된다.

④ 경제적 수명 적용기간(년)
 ▪ 적용기간 = 11.55년 – 2년 = 9.55년

⑤ 경제적 수명 유효성의 판단

지금까지 IPC, 중앙값, 수명기간 등 낯선 용어로 혼란스러웠겠지만 기술의 수명이 아무리 고무적 요인들이 추가될지라도 특허법으로 보장되는 배타적 독점기간 최대 20년을 초과할 수는 없다. 그리고 법적 보장기간이 아무리 길다 하더라도 통계적 관점의 경제적 수명기간을 초과한다고 인정하기도 곤란하다.

따라서 지금까지 앞 단계에서 산출한 기술의 '경제적 수명 적용기간'과 특허법에 근거한 '잔존기간' 중에서 더 짧은 기간을 기술

의 경제적 수명 유효기간으로 결정한다.

■ 기술의 경제적 수명 유효성의 판단
　기술의 경제적 수명 적용기간 > = < 법적 잔존기간

　기술에 대한 경제적 수명 유효성을 판단하기 위하여 평가예제의 대상기술에 대한 ⓐ 경제적 수명 적용기간은 9.55년으로 판단되었고, 반면에 특허의 출원일로부터 현재 2년이 경과된 것으로 가정하였으므로 배타적으로 독점할 수 있는 ⓑ 법적 잔존기간은 아직 18년이 남아 있다. 이때 경제적 수명 적용기간 9.55년과 법적 잔존기간 18년 중에서 더 짧은 기간의 9.55년에 대하여 사업화를 위한 경제적 수명이 유효한 기간으로 판단한다.

---

⑤ 경제적 수명 유효성의 판단
　▪ ⓐ 경제적 수명 적용기간 9.55년 < ⓑ 법적 잔존기간 18년
　▪ 유효성 = 9.55년

---

⑥ 현금흐름 추정기간의 결정

　특허의 핵심기술에 대한 경제적 수명 유효기간을 결정하였다면 이것은 앞으로 해당 개인기업 또는 법인기업의 현금흐름 추정에 적용할 수 있다. 다만 이때 대상기술이 실제 사업화되어 매출이 실현까지 소요되는 기간을 별도로 고려하여야 할 것이다.

■ 현금흐름 추정기간
  = 사업화 투자기간 + 기술의 경제적 수명 유효기간

평가예제의 대상기술에 대한 현금흐름 추정기간을 결정하기 위하여 앞에서 경제적 유효수명 9.55년을 확인하였다. 이때 사업화를 위한 시설투자 및 기술적 완성도를 높이기 위한 개발 등의 준비기간이 별도로 필요하지 않다고 가정할 경우, 현금흐름 추정기간은 원래의 9.55년으로 결정할 수 있다.

⑥ 현금흐름 추정기간의 결정
  • 추정기간 = 0년 + 9.55년 ≒ 10년

(나) 현금흐름

① 현금흐름할인법

기술가치평가 방법 중에서 가장 많이 활용되고 있는 수익접근법은 해당 특허기술이 제품화되어 향후 연차적으로 예상되는 현금흐름들을 현재의 가치로 소급적용하여 할인해보는 현금흐름할인법(Discounted Cash Flow, DCF)에 기반하여 평가한다.

해당 기술의 현금흐름할인법에 의한 가치는 기술의 경제적 수명을 고려한 '현금흐름 추정기간' 동안 미래 '현금흐름'을 현재 가치의 '할인율'로 할인하여 합계에 해당하는 '사업가치'에서 해당 기술이 기여할 것으로 추정되는 '기술기여도'를 곱하여 도출할 수 있으며, 아래 식과 같다.

■ 현금흐름할인법에 따른 기술의 가치(V_T)

$$V_T = \sum_{t=1}^{n} \frac{CF_t}{(1+r)^t} \times 기술기여도$$

※ t : 현금흐름 추정이 시작되는 기간
※ n : 기술의 경제적 수명을 고려한 현금흐름 추정기간
※ CFt : t 기간의 현금흐름
※ r : 할인율(discount rate)

---

② 현금흐름의 추정

그래서 해당기술을 제품화하였을 때 매출원가, 판관비, 법인세, 감가상각비 등의 제반비용을 추정하고, 해당 산업분야에 대한 국내시장 및 해외시장의 규모를 파악하며, 해당 기업의 마케팅 전략, 시장점유율 등의 영업역량 등을 고려한 다음, 앞 단계에서 추정한 현금흐름 추정기간동안 현금흐름을 추정하면 된다.

■ 현금흐름
= 영업이익 + 감가상각비 - 법인세 - 자본적 지출 - 운전자본 증감
※ 영업이익 : 매출액 - 매출원가 - 판관비

현금흐름을 추정하는 방법은 ① 사업 주체의 사업계획을 반영하여 직접 추정하는 방법, ② 유사기업의 재무정보를 활용하여 추정하는 방법, ③ 동 업종의 재무정보 또는 표준재무정보를 활용하여 추정하

는 방법, ④ 이들을 혼용하여 추정하는 방법 등으로 구분할 수 있다.

③ 매출액의 추정

매출액의 추정은 미래의 실현가능한 현금흐름의 규모를 추정할 수 있는 기초자료가 되며, 추정된 매출액에 따라 대상기술의 가치가 크게 좌우된다는 점에서 상당한 시간과 노력으로 집중하여 분석하여야 할 것이다.

국내 매출액은 통계청(STAT), 한국은행의 경제통계시스템(ECOS), 의료기기의 경우 식약처(MFDS) 등 여러 정부산하기관에서 공개하는 자료를 활용할 수 있다. 해외시장은 글로벌 브랜드의 경우 그룹 홈페이지에 주주들을 위해 경영정보공시 차원의 연차보고서(annual report) 등을 통해 입수할 수도 있지만, 외국은 대부분 유로로 제한적이어서 구글(google) 검색도 한계가 있을 것이므로 유료구입도 검토해봐야 할 것이다.

동종 산업의 매출액은 대략 과거 5년 이상의 통계치를 입수하는 것이 좋고, 그 값으로부터 연평균성장률(Compound Annual Growth Rate, CAGR)을 공식에 따라 미래 5년 또는 현금흐름 추정기간을 적용하여 추정하면 될 것이다. 공식은 간단하나 공학용 계산수준이므로 실제적인 계산은 한글과컴퓨터사의 한셀$^®$ 또는 Microsoft사의 Excel$^®$을 사용하여 가감승제 범위의 함수처리로 쉽게 구할 수 있다.

■ 연평균성장률 = (최종년도 매출액/최초년도 매출액)$^{(1/기간)}$

　그런데 대상기술이 TV 처럼 완제품이 아닌 TV용 전자회로라는 종속부품이라면 완제품을 기준한 매출규모의 적용은 지나친 과대계상으로 신뢰성이 없을 것이다. 또한 제조사를 기준할 경우 유통업체의 마진폭이 상당히 큰 점을 감안하여 최종소비자 가격과 유통마진도 어느 정도 참작해야 신뢰성을 더욱 높일 수 있다.

　연차별 매출규모의 증가는 단순히 연평균성장률로 일정기간 일차함수로 비례적으로 반영할 수도 있고, 각 통계들에 근거한 업종의 특성이나 기술수명을 반영할 수도 있을 것이다. 반면에 시장규모에 대한 기술 주체의 예상점유율은 현 기업의 구성원 역량, 미래에 경영을 담당할 경영자의 개발, 양산, 자금, 영업의 역량, 또는 당시의 시장상황에 따라 시장점유율이 큰 폭으로 좌우될 것인데, 더 많은 조사와 분석을 통해 시장에 대한 이해를 높일수록 평가의 신뢰성도 높아질 것이다.

■ 추정 매출액 = 대상기술 시장규모 x 예상 점유율

　그래서 기술 주체의 매출액 증가율과 예상 점유율은 특별한 기준이 없는 관계로 상당히 주관적일 수밖에 없고, 특히 시대적으로 신규성이 높거나 독특한 기술이라면 미래시장의 정체성을 특정하기 어려울 수 있다. 따라서 좀 더 객관성 확보를 위해 기술전문가, 특허변리사, 세무회계사 등 참여하는 전문가들의 의견일치가 반드시 필요한 부분이다.

④ 매출원가 및 판관비의 추정

대상기술에 대한 매출원가와 판관비는 대상기술의 산업별로 상당한 차이가 있고, 기업의 규모와 역량에 따라서도 달라질 것이므로 일률적 기준을 제시하기는 어렵다. 재무회계 측면에서 통상적으로 구분하는 원가의 항목은 아래 도표와 같다.

[도표] 매출원가를 구성하는 항목

항목	내용
재료비	시장규모와 기업상황에 따른 목표매출액을 설정하고, 판매수량과 연계한 목표단가를 추정
인건비	목표매출액에 따른 투입인력에 대한 급여, 복리후생비, 퇴직금 등을 추정
변동비	재료비, 인건비를 제외한 제조원가 중 매출액에 연동되는 원가를 추정
고정비	감가상각비를 제외한 고정판관비는 매출변동에 무관하게 예상발생액을 추정
감가상각비	투자소요계획에 따라 발생하는 감가상각비를 추정

평가대상의 기술이 새로운 기술이거나 또는 스타트업에 해당될 경우 판단이나 예측할 재무적 근거가 부족하므로 편의상 동업종 또는 표준재무정보를 활용하여 업종별 매출원가율과 업종별 판매관리비율을 적용할 수 있다.

⑤ 법인세의 추정

현금흐름 추정기간 동안의 법인세는 향후 매출규모에 따라 실제 부담해야 할 법인세를 의미하며, 영업이익(Earning Before interest and Taxes, EBIT)에 대하여 세율에 따른 누적 법인세를 추정하면 된다.

법인세를 산출하면 법인세의 10%에 상응하는 주민세도 같이 납부를 반영해야 한다. 이때 법인세는 산업단지, 특별구역, 또는 지자체 등 해당 기업이 위치한 지역, 또는 국가전략적 산업분야에 대하여 법률적 근거에 따라 법인세의 전부 또는 일부를 경감받을 수도 있으므로 기술주체의 경영전략 반영도 고려해야 한다.

[도표] 법인세율

과세표준 영업이익	세율	비고
2억원 이하	10%	과세표준 영업이익의 10%
2~200억원 이하	20%	2천만원 + 2억원 초과액의 20%
200억원 이상	22%	39.8억원 + 200억원 초과액의 22%

⑥ 자본적 지출

자본적 지출(CAPEX: capital expenditure)은 미래의 이익을 목적으로 투입한 유형 및 무형자산 투자액을 의미한다. 유형자산은 영업활동을 목적으로 장기간 보유하는 자산으로 토지, 건물, 기계, 시설, 비품 등 실체가 있는 유형적 자산을 말한다. 무형자산은 영업활동을 목적으로 장기간에 걸쳐 보유하는 점에서는 유형자산과 동일하나, 지식재산권, 영업권, 프랜차이즈 가맹비, 부동산 권리금 등과 같이 가시적 실체가 없는 무형적 자산을 의미한다.

자본적 지출은 직접추정을 원칙으로 하나, 사업주체가 확정되지 않은 경우 등 직접추정이 어려운 경우 동업종 또는 표준재무정보를 사용하여 추정할 수 있다. 토지는 사업화에 투입된다면 자본적 지출로 볼 수 있으나 감가상각 대상에는 포함하지 않는다. 대상기업이 기 보유중인 자산에 대해서는 잔존가액을 다시 투자한다는 가정으로 자본적 지출로 처리 가능하다. 이때 유무형자산의 투자는 전체 중에서 당년에 현금성으로 지출되는 것을 자본적 지출로 처리할 수 있다. 표준재무정보를 활용하는 경우 자본적 지출은 다음과 같이 산출할 수 있음

■ 자본적 지출$_t$ ①
  = (유형자산$_t$-유형자산$_{t-1}$) + (무형자산$_t$-무형자산$_{t-1}$) + 감가상각비$_t$
  또는,
■ 자본적 지출$_t$ ②
  = (추정매출액$_t$-추정매출액$_{t-1}$) × 유무형자산비중$_t$ + 감가상각비$_t$

  ※ 유・무형자산비중 = (유형자산/매출액) + (무형자산/매출액)

⑦ 감가상각비

수명이 있는 자산들은 실제 현금으로 지출되지는 않았지만 시간이 지날수록 잔존가치가 점점 작아지므로 수명기간 동안에 미리 손익계산서상의 비용으로 매년 조금씩 감가상각 처리하여 영업이익을 감소시키는 것이 감가상각비이다.

따라서 현금흐름인 초과이익을 산정할 경우에는 감가상각비를 다시 가산하는 것이 원칙이며, 또한 무형자산 상각비도 감가상각비와 동일하게 현금유출이 없는 비용이므로 초과이익 산정시 다시 가산하여야 한다.

감가상각 방식은 추정기간에 대하여 균등상각을 하는 정액법과 초기 가속상각을 하는 정률법이 있다. 예를 들어 건물, 구축물, 무형자산은 정액법을 적용하고, 기계설비, 기타 자본적 지출은 정률법을 우선적으로 적용하도록 권고하고 있다.

■ 정액법 : (취득원가 - 잔존가액)/내용연수

■ 정률법 : 장부가액 × 상각률

　※ 장부가액 = 취득원가 - 감가상각 누계액

　• 상각률 $= \sqrt[n]{\dfrac{잔존가}{취득원}}$　(n은 감가상각계산의 횟수)

자본적 지출을 직접 추정하지 않고 동업종 또는 표준재무정보를 사용한 경우에 감가상각비는 다음 식과 같이 산출할 수 있음.

■ 감가상각비 = 감가상각비율 × 매출액

※ 감가상각비율 = (판관비 감가상각비/매출액) + (판관비 무형자산상각비/매출액) + (제조원가 감가상각비/매출액)

---

⑧ 운전자본의 증감

운전자본(Working Capital, WC)은 매출채권, 재고자산, 매입채무 등 영업활동 과정에서 발생되는 채권, 채무 등을 말한다. 현금흐름의 계산에서 매출채권, 재고자산 등 (+)운전자본의 증가는 차감하고, 매입채무, 미지급금 등 (-)운전자본의 감소는 가산한다. 기술가치평가 실무가이드(산업부, 2014)에서는 운전자본 증감을 아래와 같이 다음 2가지 방식으로 산출하고 있다.

■ 표준재무정보 활용
운전자본 증감
= 매출채권 증가액 + 재고자산 증가액 - 매입채무 증가액

■ 재무비율 활용
운전자본 증감
= (추정매출액$_n$ - 추정매출액$_{n-1}$) × 운전자본 소요율

※ 운전자본 소요율
= 1/매출채권 회전율 + 1/재고자산 회전율 + 1/매입채무 회전율

동업종 또는 표준재무정보의 운전자본회전율을 적용할 경우 운전자본 소요율이 과대 또는 과소 산정될 여지가 있고, 그에 따른 평가금액에 영향을 줄 가능성이 높기 때문에 비정상적인 운전자본 소요율이 산출되는 경우에는 기술 주체의 대금지급 여력 및 수취 형태를 고려하여 조정하여야 한다.

⑨ 투자액의 회수

자본적 지출에서 감가상각 후 잔액과 운전자본증감 누계액으로 대상 기술의 경제적 수명 마지막 년도에 회수를 원칙으로 하나, 전액 회수를 기준으로 과대평가되지 않도록 주의하여 합리적으로 조정하여야 한다.

유형자산은 감가상각후 잔액을 전부 회수한다고 가정해도 되지만,

유통이 가능한 자산은 시장가액을 추정하여 조정하는 것이 좋다. 그래서 유통이 가능한 범용 기계장비에 대해서는 연식별 가격을 추정하여 적용하면 된다. 무형자산은 대부분 거래 가능성이 낮아 회수액이 없는 것으로 처리할 수 있으며, 각종 허가권 등에 대해서는 평가시점의 시장가격을 추정하여 최종년도의 명목 회수액으로 인정할 수 있다.

⑩ 평가예제 대상기술에 대한 현금흐름의 산출

현금흐름의 산출은 각 항목들이 너무 복잡하여 각각의 예제를 생략하고 하나의 도표에 모아서 이해가 쉽도록 정리를 했다. 그래서 본 내용의 앞부분에서 예시했던 평가예제 대상기술에 대한 현금흐름을 산출하고자 한다. 먼저 앞부분의 '(가) 경제적 수명기간'에서 추정했던 10년의 기간에 대하여 현금흐름을 산출한 결과는 아래 도표와 같다.

[도표] 대상기술에 대한 세후 영업이익의 산출 (예제)

구분	현금흐름 추정기간 (차년)					표준재무정보 활용
	1	2	...	9	10	
ⓐ 매출액	11.7	16.0	...	272	373	평가자들의 추정
ⓑ 매출원가	4.7	6.4	...	109	149	원가비율 활용
ⓒ 판관비	1.8	2.4	...	41	56	판관비율 활용
ⓓ 영업이익	5.3	7.2	...	123	168	영업이익 =ⓐ-ⓑ-ⓒ
ⓔ 법인세 비용	19.2% 일괄 적용					영업이익 규모에 맞는 법인세율 적용
합계 (억원)	4.3	5.8	...	99	136	세후 영업이익ⓐ =ⓓx(1-ⓔ)

도표에 제시된 것처럼 ⓐ 매출액의 추정은 각 분야별 전문가로

구성된 평가자들이 대상기술과 관련되는 모든 시장규모들을 분석하고, 그에 대한 시장점유율을 추정하여 피평가자(또는 의뢰자)와 상호 검토를 거쳐서 적절히 산출된 것으로 가정한다.

ⓑ 매출원가와 ⓒ 판관비는 산업통상자원부 산하기관 한국산업기술진흥원(KIAT)의 '업종별 표준재무정보', 금융감독원 전자공시시스템(DART, dart.fss.or.kr), 또는 각종 기업신용평가 전문기관들이 보유하고 있는 개별 기업재무정보들을 수집 및 추출하면 된다. 이때 중/소/세분류의 업종별로 대/중/소기업의 기업규모에 따라 창업 7년 전후를 구분한 업력 등으로 구분되어 있는 재무정보들을 대상기술의 현금흐름 추정기간 10년에 대하여 적용하면 된다.

또한 ⓓ 영업이익은 매출액에서 매출원가 및 판관비를 제외하는 단순한 계산식으로 산출하면 된다. ⓔ 법인세 비용은 영리법인으로서 현행 3단계의 세액 구간별 누진공제를 적용하지 않고 현금흐름 추정기간 10년에 대하여 일정비율을 일괄 적용하면 된다. 최종적으로 세후 영업이익을 산출하여 추정 손익계산서를 완성하면 된다.

[도표] 대상기술에 대한 세후 영업이익의 산출 (예제)

구분	현금흐름 추정기간 (차년)					표준재무정보 활용
	1	2	...	9	10	
ⓐ 세후 영업이익	4.30	5.80	...	99.1	135.8	영업이익률x(1-법인세율)
ⓑ 감가상가비 등	1.96	2.68	...	45.6	62.5	매출액대비 감가상각비율 적용
ⓒ 자본적 지출	5.89	8.07	...	137.1	187.9	매출액대비 유·무형자산비율 적용
ⓓ 운전자본 증감	-2.87	-1.93	...	5.2	5.8	전기와 매출차액에 운전자본 소요율 곱

ⓔ 투자액 회수	-	-	...	-	485.8	투하자본(ⓒ+ⓓ) 총액에 감가상각비 총액 차감하여 산출
ⓕ 현금흐름	3.20	2.38	...	2.4	490.4	현금흐름ⓕ=ⓐ+ⓑ-ⓒ-ⓓ+ⓔ
현가계수	0.88	0.78	...	0.2	0.2	할인율 활용
현금흐름현재가치	2.81	1.85	...	0.5	73.6	현금흐름에 현가계수를 곱하여 산출
현재가치의 합계 (억원)					74.6	사업 또는 기업 가치

도표에 제시된 것처럼 대상기술에 대한 현금흐름의 추정은 그다지 익숙하지도 않을 상당히 복잡한 일련의 과정들을 거쳐야 산출할 수 있다. 먼저 ⓐ 세후 영업이익은 이미 산출된 영업이익에서 법인세 비용을 차감하여 산출한 추정 손익계산서의 값을 그대로 인용하면 된다. ⓑ 감가상각비는 기업의 규모에 적절한 비율을 각 연도별 매출액에 일괄 적용하여 산출하면 된다.

그리고 ⓒ 자본적 지출은 당기와 전기의 매출액 차액에서 유형자산 및 무형자산의 비중을 곱하여 산출하면 된다. ⓓ 운전자본의 증감은 당기와 전기의 매출액 차액에서 운전자본소요율을 곱하여 산출하면 된다. ⓔ 투자액 회수는 총 투하자본에서 총 감가상각비를 차감하여 산출하면 된다. ⓕ 현금흐름은 세후 영업이익과 감가상각비를 합산하고 자본적 지출액과 운전자본 증감액을 차감한 다음 투자액 회수를 합산하여 산출하면 된다. 현가계수는 연도별 일정비율을 계속 적용하면 된다. 현금흐름의 현재가치는 현금흐름에 현가계수를 곱하여 산출하면 된다.

이러한 결과들을 편리하게 산출하기 위해서는 한글과컴퓨터사의 한셀® 또는 Microsoft사의 Excel® 등의 spreadsheet 이용에 익숙해

지는 것이 좋다. 그래서 기초 데이터들을 직접 sheet에 전개하고 각
상황에 맞는 적절한 함수들을 활용하여 데이터를 확장처리 산출한
다면 가장 정확하면서도 교차검토에 의한 오류검출과 수치조정을
통한 경향성 파악이 쉽다.

(다) 할인율

① 개요

기술가치평가에서 할인율은 사업화 과정에 발생될 수 있을 모든
위험요소들을 수용하는 할인율을 의미하여, 이것은 미래에 발생될
현금흐름의 현재의 가치로 환원하는 것을 의미한다. 그래서 할인율
은 기술위험, 시장위험, 사업위험 등을 분석하여 그 결과를 반영해
줘야 한다.

② 가중평균자본비용

기술의 주체가 자본을 조달하여 사용하는 것과 관련되는 제반의
비용에 해당하는 자본비용은 자기자본비용과 타인자본비용으로 구성
되며, 기업자본을 형성하는 각 자본의 비용을 자본구성비율에 따라
가중평균한 가중평균자본비용(Weighted Average Cost of Capital,
WACC)은 2종의 자본비용을 가중평균하여 산출한다.

■ 가중평균자본비용(WACC)
= 자기자본비용 × 자기자본구성비 + 타인자본비용 × 타인자본구성비 × (1-법인세율)

③ 자기자본비용

기업이 조달한 자기자본의 가치를 유지하기 위하여 최소한으로 요구되는 수익률에 해당하는 중소기업 자기자본비용(K_e)은 상장기업 자본자산가격모형(Capital Asset Pricing Model, CAPM)에 규모 위험프리미엄과 기술사업화 위험프리미엄을 가감하는 형태로 구성된다.

■ 중소기업 자기자본비용(K_e)
= 상장기업 CAPM + 비상장 규모 위험프리미엄 + 기술사업화 위험프리미엄

이때 상장기업의 CAPM은 아래와 같이 구할 수 있다.

■ 상장기업 CAPM
= $R_f + \beta \times [E(R_m)-R_f]$

※ R_f : 무위험 이자율
※ β : 개별자산 또는 기업의 체계적 위험의 민감도
※ $E(R_m)$: 자본시장 포트폴리오에 대한 기대수익률
※ $[E(R_m)-R_f]$: 시장 위험프리미엄

이때 시장에 투자할 때 기대하는 수익률에서 무위험 자산의 기대수익률을 차감한 시장위험 프리미엄($E(R_m)-R_f$)은 최근 5년간의 KOSPI(Korea Stock Price Index) 지수 차이를 산술평균하여 채권자의 기대수익률($E(R_m)$)로 하고, 평가기준일 최근일의 3년 만기 국고채수익률을 무위험 이자율(R_f)로 산정한 값이다.

④ 타인자본비용

외부에서 조달하는 타인자본에 대한 이자, 사채이자 등 중소기업들의 타인자본비용은 상장기업의 타인자본비용에 중소기업 유형에 따른 추가위험 스프레드를 합산하여 산출한다.

■ 중소기업의 타인자본비용 (K_d)
= 상장기업의 타인자본비용 + 추가위험 스프레드

상장기업의 타인자본비용은 이자지급부 부채를 뜻하며, 이자 지급성 부채는 대차대조표상의 단기차입금, 유동성 장기부채, 사채, 장기차입금, 금융비용은 손익계산서상의 지급이자, 할인료, 회사채 이자를 합산하여 산출할 수 있다.

중소기업들의 타인자본비용은 타인자본에 대한 투자자가 요구하는 이자율이라기보다 정책금리 성격이 강하므로 중소기업의 타인자본비용으로 직접 적용하기에는 무리가 있다. 그래서 중소기업의 타인자본비용은 업종별 상장기업의 타인자본비용 평균에 추가위험 스프레드를 가산하여 대용치로 이용한다.

추가위험 스프레드는 국내 민간채권평가사(한국자산평가, KIS채권평가, 나이스피앤아이, 에프앤자산평가)의 무보증회사채의 신용등급별 평균 스프레드를 적용하고, 미공시 신용등급(BB+, BB-) 및 공시 신용등급(BBB+, BBB, BBB-)을 기준으로 외삽법(extrapolation)을 적용하여 산출한 스프레드 평균 차이를 이용한다.

규모	추가위험 스프레드	
비상장 (대)	$BBB^0 \sim A^-$	3.53
비상장 (중)	$BBB^- \sim A^-$	4.89
비상장 (소)	$BB^+ \sim A^-$	6.34
비상장 (창업)	$BB^- \sim A^-$	10.14

⑤ 기술사업화 위험프리미엄

기술의 사업화에 따른 비상장 기업들의 규모 위험프리미엄은 관측 가능한 시계열 통계자료가 부족하여 직접 산출이 불가능하므로 업종별 상장기업 베타(β) 분포로부터 규모 위험프리미엄을 산출한 것이다. 이때 베타분포는 정규분포에 근사한다고 가정하고, 분포에서 누적 60%, 70%, 80%, 90%에 해당하는 값을 각각 비상장(대기업), 비상장(중기업), 비상장(소기업), 비상장(창업기업)의 β값으로 활용하였다.

기술사업화 위험프리미엄은 기술, 시장, 사업의 관점에서 대상기술의 사업화 위험수준을 평가하여 자기자본비용에 반영하는 것이고, 평가항목은 기술 및 권리의 위험과 시장 및 사업의 위험을 평가요인으로 하여 각 5점 기준으로 분석하여 평가하여 합산한다.

[도표] 기술사업화 위험 평가표 (예제)

구분	항목	평점				
		매우 부족	부족	보통	우수	매우 우수
		1	2	3	4	5
기술 및 권리의 위험	기술우수성				●	
	기술경쟁성			●		
	기술 모방 용이성			●		
	기술사업화 환경		●			
	권리안정성				●	
시장 및 사업의 위험	시장성장성		●			
	시장경쟁성		●			
	시장진입가능성			●		
	생산용이성			●		
	수익성 및 안정성				●	
평가점수 합계		0개	3개	4개	3개	0개

기술사업화 위험 평점을 합산하면 아래와 같다. 즉 평가표의 가로축 점수별 세로축 항목별의 점수들을 모두 합산한 결과는 30점으로 확인된다.

---

⑤ 기술사업화 위험프리미엄
- 평점 = (2점x3개) + (3점x4개) + (4점x3개) = 30

기술사업화 위험평점과 위험프리미엄의 관계는 평점이 높아질수록 일정한 비율로 위험프리미엄이 감소하는 오목한 곡선 형태의 다음 자연로그함수(natural logarithmic function)로 제시할 수 있다.

■ 위험 프리미엄
    = - 0.0709 ln (평점/10^{-1}) + 0.1001

기술사업화 위험은 벤처캐피탈 업계의 비상장 기업가치평가에서 자기자본비용을 통한 10~25% 수준으로 적용하고 있는 점을 감안하여 최대 10%로 설정하였으며, 이때 기술사업화 위험 평점과 기술사업화 위험관계는 각각 50점(0.18%), 40점(2.22%), 30점(5.10%), 20점(10.01%로 추정하여 비례적으로 산출하였다.

[도표] 사업화 위험평점에 해당하는 사업화 위험프리미엄

평가점수 (점)	위험프리미엄(%)	평가점수 (점)	위험프리미엄(%)	평가점수 (점)	위험프리미엄(%)
50	0.18	40	2.22	30	5.10
49	0.36	39	2.46	29	5.46
48	0.54	38	2.71	28	5.84
47	0.73	37	2.97	27	6.25
46	0.93	36	3.24	26	6.68
45	1.13	35	3.51	25	7.14
44	1.33	34	3.80	24	7.62
43	1.55	33	4.10	23	8.15
42	1.76	32	4.42	22	8.72
41	1.99	31	4.75	21	9.33

※ 20점 10.01%, 19점 이하는 무시.

⑥ 할인율 산출표

상장기업 재무정보, 신용등급별 스프레드를 이용하여 추정된 업종별 할인율 정보는 아래 도표와 같다.

[도표] 업종별 할인율 산출표 (2015년 기준)

| 산업코드 | 자기자본비용 | | | | | 자기자본비율 | 타인자본비용 | | | | | 타인자본비율 |
| | 상장 | 비상장기업 규모프리미엄 | | | | | 상장 | 비상장 | | | | |
	CAPM	대	중	소	창업		상장	대	중	소	창업	
A01	8.66%	9.76%	10.94%	12.32%	14.22%	50.54%	4.01%	7.53%	8.90%	10.42%	14.44%	49.46%
A02	8.66%	9.76%	10.94%	12.32%	14.22%	63.41%	4.01%	7.54%	8.90%	10.43%	14.45%	36.59%
A03	8.66%	9.76%	10.94%	12.32%	14.22%	49.39%	5.42%	8.95%	10.31%	11.84%	15.86%	50.61%
B05	8.66%	9.76%	10.94%	12.32%	14.22%	-75.85	4.01%	7.54%	8.90%	10.43%	14.45%	175.85
B06	8.66%	9.76%	10.94%	12.32%	14.22%	73.63%	4.01%	7.54%	8.90%	10.43%	14.45%	26.37%
B07	8.66%	9.76%	10.94%	12.32%	14.22%	52.82%	4.01%	7.54%	8.90%	10.43%	14.45%	47.18%
B08	8.66%	9.76%	10.94%	12.32%	14.22%	69.65%	4.01%	7.54%	8.90%	10.43%	14.45%	30.35%
C10	7.87%	8.69%	9.57%	10.59%	12.01%	46.36%	3.70%	7.23%	8.60%	10.12%	14.14%	53.64%
C11	8.99%	9.76%	10.59%	11.56%	12.91%	66.18%	3.59%	7.11%	8.48%	10.00%	14.02%	33.82%
C13	5.17%	6.33%	7.57%	9.02%	11.04%	51.80%	3.78%	7.31%	8.67%	10.20%	14.22%	48.20%
C14	7.06%	7.99%	8.99%	10.15%	11.77%	53.40%	5.27%	8.79%	10.16%	11.68%	15.70%	46.60%
C15	8.66%	9.76%	10.94%	12.32%	14.22%	51.56%	3.39%	6.92%	8.28%	9.81%	13.83%	48.44%
C16	8.66%	9.76%	10.94%	12.32%	14.22%	51.15%	3.88%	7.41%	8.77%	10.30%	14.32%	48.85%
C17	6.73%	7.38%	8.08%	8.89%	10.01%	53.41%	3.95%	7.48%	8.85%	10.37%	14.39%	46.59%
C18	8.66%	9.76%	10.94%	12.32%	14.22%	48.67%	4.01%	7.54%	8.90%	10.43%	14.45%	51.33%
C19	8.66%	9.76%	10.94%	12.32%	14.22%	54.93%	3.52%	7.04%	8.41%	9.93%	13.95%	45.07%
C20	8.47%	9.59%	10.79%	12.20%	14.14%	59.86%	3.95%	7.47%	8.84%	10.36%	14.38%	40.14%
C21	9.02%	10.30%	11.66%	13.26%	15.48%	71.36%	4.45%	7.98%	9.34%	10.87%	14.89%	28.64%
C22	7.86%	8.73%	9.66%	10.76%	12.27%	51.00%	4.06%	7.59%	8.95%	10.48%	14.50%	49.00%
C23	6.57%	7.34%	8.17%	9.15%	10.49%	59.63%	4.49%	8.01%	9.38%	10.90%	14.92%	40.37%
C24	7.16%	7.92%	8.73%	9.68%	10.99%	47.48%	4.40%	7.92%	9.29%	10.81%	14.83%	52.52%
C25	9.62%	10.63%	11.70%	12.97%	14.71%	45.57%	4.51%	8.04%	9.40%	10.93%	14.95%	54.43%
C26	9.92%	10.97%	12.09%	13.41%	15.23%	56.19%	4.62%	8.15%	9.52%	11.04%	15.06%	43.81%
C27	10.72%	11.87%	13.11%	14.55%	16.55%	63.52%	4.44%	7.97%	9.33%	10.86%	14.88%	36.48%
C28	8.55%	9.56%	10.63%	11.89%	13.64%	54.91%	4.05%	7.58%	8.94%	10.47%	14.49%	45.09%
C29	8.63%	9.60%	10.65%	11.87%	13.57%	53.40%	4.32%	7.85%	9.21%	10.74%	14.76%	46.60%
C30	8.56%	9.48%	10.46%	11.61%	13.21%	48.03%	4.08%	7.61%	8.97%	10.50%	14.52%	51.97%
C31	8.59%	9.81%	11.11%	12.63%	14.74%	29.66%	4.24%	7.77%	9.13%	10.66%	14.68%	70.34%
C32	8.66%	9.76%	10.94%	12.32%	14.22%	54.73%	3.33%	6.86%	8.22%	9.75%	13.77%	45.27%
C33	8.66%	9.76%	10.94%	12.32%	14.22%	54.40%	4.44%	7.97%	9.33%	10.86%	14.88%	45.60%
D35	5.38%	6.01%	6.68%	7.46%	8.54%	28.84%	3.72%	7.24%	8.61%	10.13%	14.15%	71.16%
E37	8.66%	9.76%	10.94%	12.32%	14.22%	39.34%	4.01%	7.54%	8.90%	10.43%	14.45%	60.66%

E38	8.66%	9.76%	10.94%	12.32%	14.22%	54.32%	4.18%	7.70%	9.07%	10.59%	14.61%	45.68%
E39	8.66%	9.76%	10.94%	12.32%	14.22%	61.44%	4.01%	7.54%	8.90%	10.43%	14.45%	38.56%
F41	8.67%	9.58%	10.55%	11.69%	13.27%	39.10%	4.35%	7.88%	9.24%	10.77%	14.79%	60.90%
F42	7.99%	8.89%	9.87%	11.00%	12.58%	72.16%	5.51%	9.04%	10.40%	11.93%	15.95%	27.84%
G45	8.66%	9.76%	10.94%	12.32%	14.22%	56.48%	4.01%	7.54%	8.90%	10.43%	14.45%	43.52%
G46	7.50%	8.53%	9.64%	10.94%	12.74%	56.08%	4.47%	8.00%	9.36%	10.89%	14.91%	43.92%
G47	8.41%	9.48%	10.62%	11.95%	13.80%	46.72%	3.65%	7.18%	8.54%	10.07%	14.09%	53.28%
H49	5.61%	6.38%	7.20%	8.15%	9.48%	55.75%	4.94%	8.47%	9.83%	11.36%	15.38%	44.25%
H50	8.66%	9.76%	10.94%	12.32%	14.22%	39.75%	2.50%	6.03%	7.40%	8.92%	12.94%	60.25%
H52	8.66%	9.76%	10.94%	12.32%	14.22%	33.73%	4.59%	8.12%	9.49%	11.01%	15.03%	66.27%
I56	8.66%	9.76%	10.94%	12.32%	14.22%	37.86%	4.01%	7.54%	8.90%	10.43%	14.45%	62.14%
J581	8.66%	9.76%	10.94%	12.32%	14.22%	62.09%	4.51%	8.03%	9.40%	10.92%	14.94%	37.91%
J582	11.98%	13.27%	14.65%	16.27%	18.52%	70.08%	3.73%	7.25%	8.62%	10.14%	14.16%	29.92%
J59	10.35%	11.47%	12.67%	14.07%	16.02%	80.21%	2.92%	6.44%	7.81%	9.33%	13.35%	19.79%
J60	7.46%	8.79%	10.22%	11.88%	14.19%	84.43%	5.52%	9.05%	10.41%	11.94%	15.96%	15.57%
J61	9.29%	10.26%	11.31%	12.53%	14.23%	64.88%	3.08%	6.61%	7.97%	9.50%	13.52%	35.12%
J62	10.40%	11.67%	13.03%	14.62%	16.82%	68.38%	4.48%	8.00%	9.37%	10.89%	14.91%	31.62%
J63	11.65%	12.64%	13.69%	14.92%	16.62%	70.37%	2.57%	6.10%	7.46%	8.99%	13.01%	29.63%
K66	9.22%	10.27%	11.40%	12.71%	14.53%	62.36%	0.00%	3.53%	4.89%	6.42%	10.44%	37.64%
L68	8.66%	9.76%	10.94%	12.32%	14.22%	28.77%	4.01%	7.54%	8.90%	10.43%	14.45%	71.23%
L69	8.66%	9.76%	10.94%	12.32%	14.22%	39.12%	4.01%	7.54%	8.90%	10.43%	14.45%	60.88%
M70	11.96%	13.07%	14.26%	15.65%	17.58%	78.85%	5.01%	8.54%	9.90%	11.43%	15.45%	21.15%
M71	7.82%	8.66%	9.55%	10.60%	12.06%	76.81%	3.99%	7.51%	8.88%	10.40%	14.42%	23.19%
M72	6.11%	7.16%	8.27%	9.58%	11.40%	62.35%	4.01%	7.54%	8.91%	10.43%	14.45%	37.65%
M73	8.66%	9.76%	10.94%	12.32%	14.22%	60.99%	4.68%	8.20%	9.57%	11.09%	15.11%	39.01%
N74	8.66%	9.76%	10.94%	12.32%	14.22%	36.02%	4.01%	7.54%	8.90%	10.43%	14.45%	63.98%
N75	8.59%	10.05%	11.61%	13.43%	15.96%	69.69%	2.37%	5.90%	7.27%	8.79%	12.81%	30.31%
P85	8.66%	9.76%	10.94%	12.32%	14.22%	92.75%	1.77%	5.30%	6.66%	8.19%	12.21%	7.25%
Q86	8.66%	9.76%	10.94%	12.32%	14.22%	43.87%	4.01%	7.54%	8.90%	10.43%	14.45%	56.13%
Q87	8.66%	9.76%	10.94%	12.32%	14.22%	49.74%	4.01%	7.54%	8.90%	10.43%	14.45%	50.26%
R90	8.66%	9.76%	10.94%	12.32%	14.22%	64.80%	4.01%	7.54%	8.90%	10.43%	14.45%	35.20%
R91	8.66%	9.76%	10.94%	12.32%	14.22%	27.24%	6.01%	9.54%	10.90%	12.43%	16.45%	72.76%
S94	8.66%	9.76%	10.94%	12.32%	14.22%	90.54%	4.01%	7.54%	8.90%	10.43%	14.45%	9.46%
S95	8.66%	9.76%	10.94%	12.32%	14.22%	47.83%	4.01%	7.54%	8.90%	10.43%	14.45%	52.17%

※ 출처: 기술가치평가 실무가이드 (산업부, 2014)

⑦ 평가예제 대상기술에 대한 할인율 산출

본 내용의 앞부분에서 예시했던 평가예제 대상기술에 대한 할인율을 산출하고자 하는데, 대상기술의 사업화 주체는 아직 매출이 거의 없는 창업 3년차 비상장기업이 군사용 무기운송 드론을 개발하는 것으로 가정한다.

기업의 자본의 비용을 자본구성비율에 따라 가중평균한 가중평균자본비용(Weighted Average Cost of Capital, WACC)을 대상기술에 대하여 산출을 시도하였다.

[도표] 기술사업화 위험 평가표

자기 자본	비용	기술사업화 위험 프리미엄	상장기업 CAPM	비상장 규모위험 프리미엄	합계
		5.10%	10.96%	5.80%	21.86%
	비율	58.57%			
타인 자본	비용	상장기업 타인자본비용		추가위험 스프레드	합계
		3.13%		10.14%	13.27%
	비율	43.81%			
	법인세율	19.18% (일괄 적용)			
WACC		= (21.86×0.5857)+((13.27×0.4381)×(1-0.1918)) = 17.5019%			

※ 법인세율은 경제적 수명기간 동안 동일 산업별 기업규모의 영업이익에 따른 평균적인 법인세율(19.18%)을 일괄적으로 적용.

먼저 바로 앞에서 기술사업화 위험 평가표의 항목들을 검토한 결과는 총 30점으로 확인되었고, 평가점수 30점에 대한 기술사업화 위험프리미엄은 5.10%로 확인되었다. 이 값을 앞의 할인율 산출표에서 드론의 IPC 코드값 B63C에 대한 상장기업 CAPM 10.96%와 비상장 규모위험프리미엄 5.80%를 합산하면 자기자본비용은 21.86%가 된다. 한편 동일 IPC 코드값에 대한 타인자본비용 3.13%와 추가위험 스프레드 10.14%를 합산하면 13.27%가 되고, 여기에 법인세율을 적용하면 타인자본비용을 산출할 수 있다.

결론적으로 최종적인 할인율을 구하기 위하여 대상기술의 창업기업에 대한 자기자본비용과 타인자본비용을 합산하면 가중평균자본비용 WACC는 17.50%로 산출되었다.

(라) 기술기여도

① 개요

기술기여도는 대상기술의 사업화에 있어서 순현금흐름의 증가에 해당하는 수익 창출과 비용 절감의 정도를 의미하는 것이며, 기술요소법에서 미래 현금흐름의 순현재가치에 기여한 유형자산 중에서 대상기술이 공헌한 상대적인 비중을 말한다.

기술가치는 기술사업화를 전제로 창출되는 것으로 사업화에 따라 발생될 것으로 예상되는 미래 사업가치를 산정하고 기술기여도를 곱하여 얻어지는데, 이때 사업가치는 미래 순현금흐름을 할인한 현재가치를 의미한다.

기업이 기술거래를 통해 기술을 도입하는 이유는 원가절감(reduced

cost)을 통한 증분이익(incremental income)과 증분수익(incremental revenue)을 통한 증분이익의 실현하기 위한 것이며, 증분이익이 발생되면 기술제공자와 기술도입자 모두가 공유하게 된다.

기술기여도의 추정방법은 직접측정, 경험칙 (25% rule), 기술요소법 등으로 구분할 수 있으며, 역시 주관적 영향을 최소화하기 위하여 평가결과에 대하여 각 분야별 전문가들의 합의가 필요하다.

직접측정은 대상기술에 대하여 누구나 인정 가능한 객관적 자료들에 근거하여 전문가가 직접 판단하여 추정하는 방법인데, 이때 근거자료와 추정방법이 명확히 제시되어야 한다.

경험칙(25 Rule)은 과거 여러 기술거래 협상에서 기술판매자(licensor)와 기술도입자(licensee)들이 합의한 결과로 대상기술의 거래를 발생된 이익의 25%는 기술판매자의 몫으로 하고, 75%는 기술도입자의 몫으로 배분하는 것이 합리적이라 하여 '25% Rule'은 기술거래시장에서 오랜 관행으로 정착되었다. 다만 이 경우는 각 개별 기술들의 기여도 또는 기술의 특성들은 거의 무시하고 오로지 협상의 결과만 존중한다고 볼 수 있다.

기술요소법은 대상기술에 의해 발생된 사업가치 중에서 유무형 자산들이 서로 유기적으로 결합되어 있을 것이어서 이것을 유형자산가치와 무형자산가치로 분리할 수 있다고 가정하여 기술요소, 인적요소, 시장요소로 구성된 기술가치에서 기술요소의 비중으로 도출될 수 있다는 논리를 적용한다.

② 기술요소법 – 산업기술요소

기술요소법은 산업별 업종들의 특성과 개별기술들의 특성을 고려하여 반영하는 방법이다. 구체적으로는 최대실현 무형자산가치비율과 평균기술자신비율을 곱하여 산업기술요소(industry factor)를 도출하고, 기술성 및 사업성 평가표의 검토를 통해 개별기술강도(technology rating)를 도출하는 과정으로 구성되어 있다. 그래서 산업기술요소와a 개별기술강도를 곱하면 기술요소를 구할 수 있다.

[도표] 기술요소법

■ 기술요소
= 산업기술요소(%) × 개별기술강도

※ 참고
☞ 산업기술요소 = 최대실현 무형자산가치비율 × 평균기술자산비율
☞ 무형자산가치 = 기업시장가치(시가총액) - 순자산가치
☞ 무형자산 가치비율 = 무형자산가치 / 기업가치
☞ 기업가치 = 기업시장가치(시가총액) + 부채가치
☞ 평균기술자산비율 = 연구개발비 / (개발비+광고비+교육훈련비)
☞ 개별기술강도 = '기술성 및 사업성 평가지표'에서 산출

산업기술요소는 기업의 무형자산이 어떤 산업에서 잠재적으로 달성 가능한 기업가치의 최대 공헌비율을 의미하며, 업종별 최대실현무형자산비율과 평균기술자산비율의 곱으로 산출될 수 있다.

[도표] 업종별 산업기술요소 (2015년 적용기준)

분류	업종	무형자산 비중	기술자산 비중	산업기술 요소
1	농업			46.31
2	임업			46.31
3	어업			46.31
5	석탄, 원유 및 천연가스 광업			46.31
6	금속 광업			46.31
7	비금속광물 광업;연료용 제외			46.31
8	광업 지원 서비스업			46.31
10	식료품 제조업	38.13	86.37	32.93
11	음료 제조업	52.58	79.07	41.58
13	섬유제품 제조업; 의복제외	59.09	88.16	52.09
14	의복, 의복액세서리 및 모피제품 제조업	59.09	88.16	52.09
15	가죽, 가방 및 신발 제조업	59.09	88.16	52.09
16	목재 및 나무제품 제조업;가구제외			32.93
17	펄프, 종이 및 종이제품 제조업			32.93
18	인쇄 및 기록매체 복제업			32.93
19	코크스, 연탄 및 석유정제품 제조업	53.87	99.28	53.49
20	화학물질 및 화학제품 제조업;의약품 제외	53.87	99.28	53.49
21	의료용 물질 및 의약품 제조업	91.48	73.2	66.96
22	고무제품 및 플라스틱제품 제조업	47.97	94.74	45.45
23	비금속 광물제품 제조업	67.37	85.11	57.34
24	1차 금속 제조업	57.51	98.79	56.82
25	금속가공제품 제조업 (기계, 가구 제외)	63.42	94.04	59.64
26	전자부품, 컴퓨터, 영상, 음향, 통신장비 제조업	67.98	88.95	60.47
27	의료, 정밀, 광학기기 및 시계 제조업	63.31	94.28	59.69
28	전기장비 제조업	58.40	98.77	57.69
29	기타 기계 및 장비 제조업	55.46	98.82	54.81
30	자동차 및 트레일러 제조업	38.29	91.70	35.11
31	기타 운송장비 제조업	55.20	92.92	51.3
32	가구 제조업			32.93
33	기타 제품 제조업			32.93
35	전기, 가스, 증기 및 공기조절 공급업			46.31
36	수도사업			46.31

분류	업종	무형자산 비중	기술자산 비중	산업기술 요소
37	하수, 폐수 및 분뇨 처리업			46.31
38	폐기물 수집운반, 처리 및 원료재생업			46.31
39	환경 정화 및 복원업			46.31
41	종합 건설업	56.85	98.63	56.07
42	전문직별 공사업	56.85	98.63	56.07
45	자동차 및 부품 판매업			46.31
46	도매 및 상품중개업	81.25	75.34	61.21
47	소매업; 자동차 제외	39.20	27.36	10.72
50	수상 운송업			46.31
51	항공 운송업			46.31
52	창고 및 운송관련 서비스업			46.31
55	숙박업			46.31
56	음식점 및 주점업			46.31
57	서적, 잡지 및 기타 인쇄물 출판업			46.31
58	소프트웨어 개발 및 공급업	69.38	92.86	64.42
59	영상·오디오 기록물 제작 및 배급업	58.98	96.47	56.89
60	방송업	46.31	99.99	46.31
61	통신업	46.31	99.99	46.31
62	컴퓨터 프로그래밍, 시스템 통합, 관리업	55.79	98.53	54.97
63	정보서비스업	75.41	92.52	69.76
64	금융업			46.31
65	보험 및 연금업			46.31
66	금융 및 보험 관련 서비스업			46.31
68	부동산업			46.31
69	임대업;부동산 제외			46.31
70	연구개발업	72.12	96.85	69.85
71	전문서비스업	72.12	96.85	69.85
72	건축기술, 엔지니어링, 기타 과학기술서비스업	72.12	96.85	69.85
73	기타 전문, 과학 및 기술 서비스업	72.12	96.85	69.85
74	사업시설 관리 및 조경 서비스업	55.30	98.56	54.51
75	사업지원 서비스업	55.30	98.56	54.51
84	공공행정, 국방 및 사회보장 행정			46.31
85	교육 서비스업			46.31

분류	업종	무형자산 비중	기술자산 비중	산업기술 요소
86	보건업			46.31
87	사회복지 서비스업			46.31
90	창작, 예술 및 여가관련 서비스업			46.31
91	스포츠 및 오락관련 서비스업			46.31
94	협회 및 단체			46.31
95	수리업			46.31

③ 기술요소법 - 개별기술강도

개별기술강도는 개별기술의 내재적 가치를 파악하기 위한 것으로 기술성 10개 항목과 사업성 10개 항목으로 구성되어 있다. 각 평가지표들은 대상기술의 사업화 과정에 중요한 체크포인트들로 구성되어 있고, 대상기술의 사업가치에 기여하는 정도를 평가하는 과정이다. 기술성과 사업성의 각 평가지표들은 각 5점 척도를 사용하고 합산하여 대상기술의 개별기술강도를 측정한다.

[도표] 개별기술강도 평가표 (예제)

구분	평가항목 (각5점 척도)	평가 점수				
		매우부족 (1)	부족 (2)	보통 (3)	우수 (4)	매우우수 (5)
기술성	혁신성				●	
	파급성				●	
	활용성				●	
	전망성				●	
	차별성			●		
	대체성		●			
	모방용이성		●			
	기술수명				●	
	권리범위			●		
	권리 안정성			●		
	계	0개	2개	3개	5개	0개

사업성		0개	4개	4개	2개	0개
	수요성		●			
	시장진입 가능성		●			
	생산 용이성				●	
	예상 시장점유율			●		
	경제적 수명			●		
	매출 성장성			●		
	파생적 매출		●			
	상용화 요구시간			●		
	상용화 소요자본		●			
	영업이익성				●	
	계	0개	4개	4개	2개	0개
개별기술강도						

④ 평가예제 대상기술의 기술기여도

평가예제 대상기술 'B63C 군사용 무기운송 드론' 기술에 대한 기술의 기여도를 확인하였다. 그래서 먼저 해당 업종별 산업기술요소를 확인한 결과는 '항공 운송업'에 해당하여 46.31%로 확인되었다.

② 기술요소법 - 산업기술요소
   ▪ 51. 항공운송업 = 46.31%

그 다음 평가예제 대상기술에 대한 기술성과 사업성의 개별기술강도를 분석한 결과는 61%로 확인하였다.

③ 기술요소법 - 개별기술강도
- 기술성 = (2점x2개) + (3점x3개) + (4점x5개) = 33
- 사업성 = (2점x4개) + (3점x4개) + (4점x2개) = 28
- 개별기술강도 = 33 + 28 = 61%

최종적으로 평가예제 대상기술에 대한 산업기술요소(%)와 개별기술강도(%)를 곱하여 얻은 기술기여도는 28.25%로 산출되었다.

④ 기술기여도
- 산업기술요소 46.31% x 개별기술강도 61% = 28.25%

(마) 평가예제 대상기술의 기술가치평가

지금까지 평가예제 대상기술에 대하여 현금흐름할인법(DCF)을 활용하는 수익접근법을 기준하여 각 요소들에 대하여 적용하고 분석해왔다. 그래서 평가예제 대상기술에 대한 기술가치는 기술의 사업가치를 기술기여도로 곱한 것으로 정의할 수 있을 것이다.

■ 기술가치
- 기술가치 = 기술의 사업가치 x 기술기여도

앞에서 기술의 경제적 수명을 10년으로 분석되었고, 따라서 총 10년간의 매출 발생기간을 추정하여 기술가치의 평가를 수행한다. 대상기술에 대한 현재 사업가치는 10.17억원으로 추정되었고, 기술기여도는 이미 28.25%로 확인되었다. 따라서 기술가치는 사업가치와 기술기여도를 곱한 최종적인 가치는 2.85억원으로 평가되었다.

결론적으로 말하면 평가예제 대상기술인 IPC B63C의 군사용 무기운송 드론에 대한 특허를 중심으로 기술가치평가를 수행한 결과는 약 2.85억원으로 평가된 과정들을 지금까지 수행하였다.

[도표] 최종적인 기술가치의 산정

구분	매출 발생기간									
	2019	2020	2021	2022	2023	2024	2025	2026	2027	2028
순현금흐름	3.20	2.38	-1.53	-1.41	-1.17	-0.76	-0.11	0.91	2.40	49.4
현가계수	0.88	0.78	0.69	0.48	0.42	0.36	0.30	0.24	0.19	0.15
순현금흐름 현재가치	2.81	1.85	-1.05	-0.68	-0.49	-0.28	-0.03	0.22	0.46	7.36
사업가치	10.17억원									
기술기여도	28.25%									
기술가치	2.85억원									

※ 기술의 사업화 준비기간은 0년, 사업화 착수일은 2019년, 기술의 경제적 수명은 12년을 기준.

참고문헌

① 지침(고시) 및 교재

2013, 특허청, 지식재산권 담보를 위한 지식재산가치평가 실무가이드

2014, 산업통상자원부, 고시 제2014-96호, 기술평가 품질관리지침

2014, 산업통상자원부, 기술가치평가 실무가이드

2015, 기술보증기금, 기술가치평가 실무매뉴얼 (자문위원용)

2015, 기술보증기금, 한국과학기술정보연구원, SW 가치평가 모델 매뉴얼 가이드

2015, 정보통신기술진흥센터, ICT 기술가치평가 실무길라잡이

2015, 한국기업기술가치평가협회, 기업기술가치평가 기준과 글로벌 스탠다드

2016, 산업통상자원부, 고시 제2016-114호, 기술평가기준 운영지침

2017, 기술거래사회, 기술사업가치평가사 교육교재 총 12종

2017, 기술거래사회, 기술사업가치평가사 온라인교육 총 10회

2017, 바이오기술투자전문인력양성센터, 기본과정, 심화과정, 전문가과정의 교재 총 3종

2017, 산업통상자원부 한국산업기술진흥원, 기술거래사회, 기술거래사 교육 교재 총 5종

2017, 산업통상자원부, 기술가치평가 실무가이드 (산업기술요소 개정 반영)

2017, 한국과학기술정보연구원, StarValue 기술가치평가시스템 교육교재 1종

2018, 국토교통과학기술진흥원, 기술가치평가 매뉴얼

② 보도자료 및 재무자료

2014, 미래창조과학부(보도자료 2014.02.21), 4개월 엑셀러레이팅 프로그램 운영으로 8개社 100억원 투융자 연계

2015, 금융위원회(보도자료 2015.06.05), 기술금융 체계화 및 제도개선 추진

2017, 중소벤처기업부(보도자료 2018.08.03), 엔젤투자도 당당한 벤처투자의 한축, 엔젤투자 2,000억원 돌파

2017, 한국은행(보도자료, 2017.09.14), 2017년 2분기 기업경영분석

2018, 국세청(보도참고자료 2018.12.27), 2018년 국세통계연보 발간

2018, 금융감독원 전자공시시스템, SK텔레콤 분기보고서

2018, 금융감독원 전자공시시스템, 삼성전자 분기보고서

2018, 금융감독원 전자공시시스템, 엘지전자 분기보고서

2018, 케이뱅크은행, 2018년 3분기 경영공시

2018, 한국은행(보도자료 공보 2018-3-29호), 금융안정 상황

2018, 한국은행(보도자료, 공보 2018-9-17), 2분기 기업경영분석

2018, 한국카카오은행, 2018년 3분기 은행현황 공시

③ 학술지, 보고서, 도서자료

2000, 청년사(최윤재), 한비자가 나라를 살린다

2001, 전자통신동향분석(제16권 5호), 국내 벤처캐피탈의 투자행태 및 IT 투자방향 분석

2002, 한국과학기술정보연구원, 특허기술 평가요인에 관한 연구

2004, 한국개발연구원, 자본시장 발전을 위한 정책과제: 장기채권시장과 자산운용업을 중심으로

2004, 한국기업지배구조개선지원센터, 기관투자자의 의결권 행사 가이드라인

2005, 과학기술정책연구원, 유럽과 독일의 벤처투자와 기술금융제도

2005, 주간금융브리프, KiF-금융 리스 신기술금융사의 감독 방향

2005, 한국지식재산연구원(Issue & Focus), 기술금융 여신의 문제점 및 개선방안

2006, 서울경제(경제포커스), 혁신중소기업과 기술금융 활성화 방안

2006, 한국과학기술기획평가원(이슈페이퍼 제12호), SBIC 현황 및 성과분석을 통해 고찰한 기술금융 정책의 이슈와 시사점

2006, 한국비교사법학회(제13권 2호), 사회적 책임투자(SRI)와 기관투자자의 역할

2007, 한국기술혁신학회, 기술금융을 위한 부실 가능성 예측 최적 판별모형에 대한 연구

2008, 과학기술정책연구원(Issues & Policy 2008.11), 조세금융 지원제도 및 기술금융 관련 정책

2008, 과학기술정책연구원(정책연구 2008-08), 기술금융 지원제도의 효과분석과 개선방안

2008, 과학기술정책연구원(정책연구 2008-08), 기술금융지원제도의 효과분석과 개선방안

2008, 대외경제정책연구원(중국경제현안 브리핑, 제08-04호), 중국 중소기업의 자금조달 현황

2008, 신한은행 FSB(0812), 미국발 금융위기의 교훈과 우리의 진로

2008, 신한은행 FSB, 서브프라임 모기지 사태, 무엇이 문제였나?

2009, 금융동향(김종민), 금융규제와 시장원리에 관한 연구

2009, 신한은행 FSB(0907), 기업구조조정으로 주목받는 사모투자펀드

2009, 한국금융공학회, 기술금융의 현황과 발전방향

2011, 과학기술정책연구원(과학기술정책 제21권 제3호) 기술금융의 현황과 과제

2011, 과학기술정책연구원(과학기술정책 제21권 제3호), 기술이전사업화 촉진 정책의 현황과 발전방향

2011, 과학기술정책연구원, 제2의 IT혁명에 부응하는 기술금융 활성화 방안

2011, 금융지식연구, 녹색기술금융의 역할과 경제적 성과분석

2012, 교육과학기술부, 대학적립금 벤처투자 지침서

2013, 기술혁신학회지(2013.03), 혁신형 중소기업 기술금융지원사업의 적절성에 대한 실증 연구

2014, 과학기술정책연구원, 기술가치평가 기반 국가 R&D사업의 성과평가 및 기술료 연계 가능성

2014, 농림식품기술기획평가원(이슈보고서 14-2호), 농식품 기술금융의 필요성 및 활성화 방안

2014, 대한산업공학회, 중소기업 혁신 촉진을 위한 기술금융 지원 확대 방안

2014, 대한상공회의소, 중소기업의 자금조달 구조개선방안

2014, 한국과학기술기획평가원, 기술사업화 촉진을 위한 기술금융의 역할과 변화방향

2014, 한국엔젤투자협회, 한국청년기업가정신재단, 엔젤투자 알아야 성공한다

2014, 한국지식재산연구원, 기술금융 활성화를 위한 기술신용평가시스템발전방안

2015, iBK기업은행, 2015년 중소기업 금융실태조사조사

2015, Yuanta Research, 2016년에는 기관투자자 영향력 증가

2015, 과학기술과법(제6권 제2호), 기술활용으로서의 기술금융의 법적 전략

2015, 금융위원회, 기술금융 주요 쟁점 Q&A (별첨2)

2015, 삼일회계법인, 2015 해외 IPO 안내

2015, 주간금융브리프(24권 17호), 기술금융의 연착륙 필요성 및 과제

2015, 주간금융브리프(24권 24호), 국내 기술금융의 과제와 개선방향

2015, 지속가능과학회(2015.05), Cloud 기반 World Fin-Tech 기술금융 Business Model 개발 방향

2015, 한국경제연구원(2015-06), 기술금융의 실효성 제고를 위한 방안

2016, 한국재무학회(제1차 춘계 정책심포지엄), 기업지배구조 개선을 위한 기관투자자의 역할

2016, Journal of Digital Convergence(제14권 7호)수출입 중소기업의 기술금융에 관한 연구-한국수출입은행 지원기업 중심으로

2016, POSCO(POSRi 이슈리포트 2016.08), 재무적 투자자(FI), 그들은 누구인가?

2016, 금융(제748호) 기업 구조조정의 확산과 은행 대응방안

2016, 연합마이더스(2016년 01월호), 헛도는 기술신용대출, 무늬만 기술금융

2016, 지속가능과학회(2016.06), 금융·기술혁신(클라우드 핀테크)을 통한 질 높은 좋은 일자리 창출 전략

2016, 특허청(제3편우수지식재산의 창출 활용 촉진), 제3장 지식재산금융 활성화 사업화 촉진

2016, 포스코경영연구원(POSRi 2016.03), 기술가치 제대로 인정받으려면?

2016, 한국과학기술정보연구원, 미국 기술이전 활동사례와 기술가치 평가의 최신 동향 (김상남)

2016, 한국기술혁신학회(2016.05), 기술사업화 활성화를 위한 기술금융 기술가치평가 연계 방안에 관한 연구

2016, 한국인터넷전자상거래학회(인터넷전자상거래연구 제16권 4호), 기술금융기관의 효율성 분석 사례-기술보증기금 중심

2017, 산은조사월보(제738호), 기업금융시장 특징 분석: 대출시장을 중심으로

2017, 삼정KPMG경제연구원(제53호), 금융산업, 4차 산업혁명과 만나다

2017, 자본시장연구원, 2016년 글로벌 해외(Cross Boarder) IPO 현황

2017, 중소기업연구원(KOSBi 제17-12호), 중소기업 금융정책의 현황과 과제

2017, 한국과학기술기획평가원(KiSTEP 통계브리프, 2017년 제9호), 2016년 우리나라 벤처캐피탈 투자 현황

2017, 한국기술혁신학회(2009.05), 기술가치평가를 통한 기술금융 지원 방향

2017, 현대경제연구원(VIP 리포트 713호), 4차 산업혁명에 따른 금융시장의 변화(시리즈 ⑥ 금융)

2018, KDB산업은행(이슈브리프), 2017년 국내은행 기업대출 특징

2018, LG경제연구원, 한국기업의 영업성과 분석

2018, OECD, Financing SMEs and Entrepreneurs 2018

2018, Yuanta Research, 국내외 기관투자자, 리스크 관리에 주력

2018, 산은조사월보(제746호), 2017년 기업금융시장 분석 및 2018년 전망

2018, 신한금융투자, 디지털금융(2018.03.30)

2018, 자본시장연구원, 국내 대체투자펀드의 특성 및 수익률 분석

2018, 중소기업중앙회, 2017년도 중소기업 금융이용 및 애로실태

2018, 한국금융연구원(금융브리프 제27권 21호)_국내 벤처금융의 현황과 전망

2018, 한국벤처캐피탈협회(VC Discovery 제120호), VC 관련 법령개정 및 제도개선 현황

2018, 한국벤처캐피탈협회(VC Discovery 제121호), 5월 벤처투자 시장 동향

2018, 한국벤처캐피탈협회(VC Discovery 제124호), 8월 벤처투자 시장 동향

2018, 한국벤처캐피탈협회(벤처캐피탈 뉴스레터 제114호) 투자협력 M&A

2018, 한국벤처캐피탈협회(벤처캐피탈 뉴스레터 제115호) 투자협력 M&A

2018, 한국은행, 2017년 기업경영분석

2018, 한국지식재산연구원(이슈페이퍼 제2018-02호), 지식재산의 새로운 패러다임: 지식재산 금융의 현황과 활성화 방안

2018, 현대경제연구원(VIP리포트 제721호), 국내 기술금융 현황 및 시사점

박준수

〈경력〉
BS투자파트너스 파트너(현)
순천향대학교 객원교수(현)
한국기술거래사회 비상근 부회장(현)
기술사업가치평가사 자격증 운영위원장(현)
충남 중소기업희망키움아카데미 중소기업문제해결 교수(멘토)(현)
군산대학교 기술지주회사 비상근 이사(현)
한양대학교 산학교수
순천향대학교 산학교수
전북테크노파크 기업지원단장 /기술이전센터장 /전북연합기술지주회사 이사
충남테크노파크 기업지원단장 /기술이전센터장/Post-BI센터장
서린바이오사이언스 기획전략본부장 / 이사
한국벤처투자 투자부장
아주아이비투자 영업부장
한국종합케피탈 영업팀장
신용보증기금 행원
벤처포럼인베스트먼트 사외이사
한국벤처케피탈협회 기획전문위원
소상공인리더십아카데미 교수(멘토)

〈학력〉
단국대학교 대학원 경영학과(재무관리) 경영학박사
한양대학교 대학원 전자통신공학과(전자통신) 공학석사
서강대학교 대학원 경제학과(금융경제) 경제학석사
숭실대학교 대학원 경영학과(중소기업경영지도) 경영학석사
서울시립대학교 경영학과 경영학사
전주상업고등학교
휴넷마케팅MBA (마케팅)
휴넷전략MBA (경영전략)

〈자격/표창〉
기술거래사 (산업통상자원부)
기술사업가치평가사 (한국기술거래사회)
지식경제부장관 표창 (기술사업화 공로 대상수상)
중소기업청장 표창 (중소벤처기업육성 공로 수상)
중소기업중앙회장 표창 (중소기업육성 공로 수상)
정부부처 사업성 분야 평가위원

〈저서〉
세계속의 소상공인 (박준수·정우성, 한국학술정보)(2016)
기술사업화 투자계약 핵심가이드 (박준수, 이담북스)(2010)

〈연구〉
사용자 주도의 개방형 혁신을 통한 국내 스타트업 기업체 대상의 정부 자금지원
개선방안 제언 (한국중소기업융합학회)(2018)
경기테크노밸리의 발전방안 연구 (경기도)(2018)
제주도 팜파스곤충랜드 사업타당성 연구 (네이처월드)(2017)
미백화장품 국내외 시장경쟁력 확보방안 연구 (국제지역학회)(2017)
홈 네트워크 시스템 표준화 연구 및 응용 (한양대)(2007)
특허취득공시가 기업가치에 미치는 영향에 관한 실증적 연구 (단국대)(2004)
중소기업 도산 예측을 위한 중소기업종합평가표 유용성에 관한 연구(숭실대)(1999)
금융산업 개편에 따른 리스전업사의 대응방안 연구 (서강대)(1996)

〈기획〉
특허 기술가치평가 총 19건 수행 (2018~2019)
기술이전 116건 수행 (2007~2018)
기술사업화 189건 수행 (2000~2018)
기술사업화 바우처지원프로젝트 사업기획 (PM, 산자부)(2016)
TIPS 프로그램 운영사 지원사업 기획 (순천향대)(2019)
군산대학교 기술지주회사 설립 기획(2018)
순천향대학교 기술지주회사 설립 참여(2014)
순천향대학교 연구마을프로젝트 참여(2013)
순천향대학교 창업선도대학프로젝트 참여(2013)
순천향대학교 산학협력선도대학(LINC)프로젝트 참여(2012)
전북대학연합기술지주회사 설립 (2011)
전북기술이전센터 설립 (2011)
중부권기술사업화 거래촉진네트워크프로젝트 수행(2010)
충청권광역선도산업 의약바이오 기업지원프로젝트 수행(2009)
충청권광역선도산업 그린반도체 기업지원프로젝트 수행(2009)
충청광역경제권 협력프로젝트 수행(2008)
중부서남권 바이오기술사업화 프로젝트 수행 (2008)
해외기술사업화 기술금융 프로젝트 수행(2007)
소방검정공사 경영혁신 프로젝트 참여(2006)
진도홍주 명품화 프로젝트 참여(2005)
다산벤처펀드(800억) 결성·운용 (2003)
테크노블러더&다산IT펀드(20억) 결성·운용 (2002)

다산이노텍펀드(100억) 결성·운용 (2002)
성남다산펀드(100억) 결성-운용 (2002)
다산인큐베이팅펀드(150억) 결성-운용 (2001)
기술사업화 투자 실행 (116건) 나스닥 상장(2건), 코스닥 상장(39건) 프로젝트 수행
(1996~2005)
충남스타펀드(160억) 결성 지원 (2009)

박준수
010-9087-6330
dalje11300@naver.com
경기 성남

김창화

〈경력〉
아리울기술투자(엑셀레이터/전문엔젤투자) 수석전문위원(현)
우리생명과학원㈜ 대표이사
㈜엔유씨전자 의료기사업부
㈜대성하이텍 메디칼사업부
㈜휴먼메디텍 기술연구소
영남대학교 생명공학연구소
서울대학교 화학분자공학연구단
일본 AIST 생명공학공업기술연구소
경북대학교 유전공학연구소

〈학력〉
대구대학교 식품공학과(미생물학) 공학박사
대구대학교 식품공학과(미생물학) 공학석사
대구대학교 식품공학과 학사
대구상업고등학교

〈자격〉
기술거래사 (산업통상자원부)
기술사업가치평가사 (한국기술거래사회)
바이오투자분석사 (바이오기술투자사업인력양성센터)
정부부처 기술성 분야 검토위원 및 평가위원
의료기기 CE MDD/ISO 13485 내부심사원
미래혁신과학부 혁신경제타운 멘토

경북혁신경제혁신센터 멘토
한국과학기술정보연구원 위원
한양대 에어워터기술산학협의회 위원
한양대-한양스타트업 아카데미 (수료)
연세대-기술창업 아카데미 (수료)
이화여대-이화스타트업 아카데미 (수료)
벤처포트-창업 아카데미 (수료)
벤처기업협회-기본이 강한 벤처 창업하기 (수료)
바이오투자분석 기본/심화/전문가 과정 (수료)

〈기획〉
특허 기술가치평가 총 9건 수행 (2018~2019)
TIPS 프로그램 운영사 사업기획 (순천향대)(2019)
4차산업 분야 성공투자전략 연구 (아리울기술투자)(2018)
경기테크노밸리의 발전방안 연구 (경기도)(2018)
제주도 팜파스곤충랜드 사업타당성 분석 (네이처월드)(2017)
중소기업을 위한 사업계획서 작성법 (ASTi)(2017)
생명공학 및 화학 분야 국내/외 학술지 다수

김창화
010-2021-4021
chkim@ariulfund.com
서울 성북구 길음동

기술금융 이야기

초판인쇄 2019년 01월 25일
초판발행 2019년 01월 25일

지은이 박준수·김창화
펴낸이 채종준
펴낸곳 한국학술정보㈜
주소 경기도 파주시 회동길 230(문발동)
전화 031) 908-3181(대표)
팩스 031) 908-3189
홈페이지 http://ebook.kstudy.com
전자우편 출판사업부 publish@kstudy.com
등록 제일산-115호(2000. 6. 19)

ISBN 978-89-268-8708-0 03320

이 책은 한국학술정보㈜와 저작자의 지적 재산으로서 무단 전재와 복제를 금합니다.
책에 대한 더 나은 생각, 끊임없는 고민, 독자를 생각하는 마음으로 보다 좋은 책을 만들어갑니다.